전략 경영과 문제 해결

해결에 집중하라

전략경영과 문제해결

해결에 집중하라

FOCUS ON SOLVING   한봉규 지음

FOCUS ON SOLVING FOCUS
ON SOLVING FOCUS ON SOL
VING FOCUS ON SOLVING
FOCUS ON SOLVING FOCUS
ON SOLVING FOCUS ON SOL
VING FOCUS ON SOLVING
FOCUS ON SOLVING FOCUS
ON SOLVING FOCUS ON SOL

 플랜비디자인

책을 대하는 것에 있어서 나는 정선태 교수(국민대학교 글로벌 인문지역 대학장)님 말이 참 좋다. 모든 책에는 그 나름 성격이 있다는 것이다. 어떤 책은 끼고 살아야 하지만 어떤 책은 두고두고 봐야 진가를 안다고 하셨다. 게다가 책 성격도 모르고 무턱대고 글을 읽으면 체한다는 말씀까지도. 책 역시 사람마냥 성격이 각양각색이라는 점 또한 좋다.

새 책을 손에 쥐면 먼저 인사를 하라고 한다. 손에 쥔 채로 책장을 주르르 넘기라는 것이다. 이 때 종이 질감·글꼴과 그 크기, 책 냄새를 익히는 것만으로도 책 한 권 다 읽은 것이라는 말씀은 마음이 참 편안하다. 이를 손 인사라고 했다. 두 번째는 한 장 한 장 무심히 넘기듯 하다 한 쪽 한 문장만 읽으라고 한다. 그럼 앉은 자리에서 한 책을 두 번 읽은 것이라는 말씀은 정말 좋다. 한 문장은 어느 새 두 쪽이 되고, 십여 분 남짓한 시간은 한 시간을 훌쩍 넘기고 급기야 동 터 오는 새벽을 책과 맞이하는 희열을 경험해 보라는 것이다. 사실 책으로 맞이하는 새벽 희열은 정선태 교수님 말을 듣고 따르다 얻은 내 체험이다. 이런 책 권함을 유심히 듣고 따르는 데에는 내가 쓴 글이 책이 되었을 때, 내 책을 대하는 방법으로 쓰고 싶기 때문이다.

이 책을 손에 쥐면 먼저 손 인사를 부탁 드린다. 그 다음 눈 인사로 마음에 맞는 두서너 문장 집중해 읽어 주면 좋겠다. 애매모호하다 싶은 부분은 몇 장 훌쩍 넘겨 버리는 것도 이 책을 읽는 독서법이다. 가끔 신선한 문구를 찾으면 밑줄도 그어주고, 글쓴이 주장이 탐탁지 않으면 그 장에 머물러 책장 여백에 그 이유를 내게 묻듯이 써 줬으면 도 싶다. 다 이 책을 이롭게 읽는 방식으로 권하고 싶다.

이 책은 실용서다. '전략경영'과 '문제 해결'을 실제적으로 익힐 수 있다. 직장 생활에서 쌓은 경험과 강의 활동에서 얻은 지식과 기술을 총망라했다. 경험은 이 책 줄거리이고, 지식과 기술은 그 줄거리를 좀 더 면밀하게 보는 돋보기 역할을 한다. 이를테면 한 기업이 서고 주저앉은 결정적 사건을 사례로 삼고, 이를 듣기 좋은 이야기로만 남기지 않으려고 노력했다. 익히 들어 알고 있는 전략경영 사례를 다른 시각으로 접근하려고 시도했다. 내용을 요약하고 정리하는 틀도 중요하기에 내가 처한 현재 상황에서 어떻게 쓰면 좋은 지를 드러내려고 애를 썼다. 요컨대 전략경영 사례가 생각의 지평을 넓히는 역할이라면, 문제해결 방법론은 그 지평을 실제로 어떻게 쓰는지를 실습 사례를 들어 실제적으로 제시했다.

전략경영 부분은 앞서 밝힌 바 있듯이 익히 잘 알고 있는 것들이다. 하지만 전문가들이 입을 모아 논하고 평한 그 결과를 고스란히 따르지는 않았다. 그렇다고 얼토당토 않는 결론을 내고 우기지도 않았다. 동일한 사실(fact)도 접근 방법을 달리하면 그 의미와 시사점은 다를 수 있다는 것을 알리고 강조했을 뿐이다. 그런 까닭에 전략경영 사례 내용은 전략 도구(tool) 이것저것을 많이 쓰기 보다는 기본기를 충실하게 다질 수 있는 틀(frame) 중심으로 선별했다.

여기에 소개하는 대표 전략 프레임은 'BCG 매트릭스', '산업 수명 주기 분석', 'S자 기술 커브 곡선', '가치사슬(Value Chain)', '경쟁전략 매트릭스' 등 대략 다섯 종류이다. 덧붙여 전략경영 개념은 마이클 포터 교수가 'WHAT IS STRATEGY?'에서 제시한 전략 용어 수준을 유지하고, 전략경영 사례는 힐(CHARLES W. L. HILL 워싱턴 대학교) 교수 저서 '경영전략(STRATEGIC MANAGEMENT THEORY)'에서 소개한 '전략 사례 보고서 쓰기 방법론' 일부를 응용했다.

이미 검증을 마친 전략경영 사례를 새로운 시각으로 접근하는 목적은 문제해결 능력을 높이는 데 이만한 사례가 없고 실제적인 효과를 낼수 있기 때문이다. 많은 전략경영 사례 대부분은 사업 환경에 대한 대응을 적시에 하지 못한 점을 꼬집거나, 경영진 의사결정이 적절하지 못한 점을 시사점으로 꼽는다. 이 둘을 '리더십' 문제로 총칭하는 것을 부인할 수는 없다. 하지만 전략경영 사례를 리더십만으로 다루기에는 아까운 부분이 너무 많다. 문제 해결은 바로 이 점을 보완하려는 것이다. 이를테면, 리더십을 문제의식으로 바꾸면, 리더십 기술은 곧 문제해결 능력이 된다. 이런 점에서 전략경영은 리더십과 문제해결 총합이라고 해도 과언은 아니다.

이 책은 총 6개 부문이다. 1장은 전략경영 개념과 정의·전략 용어·전략 도구 일부를 소개하면서 시작한다. 중요한 지점은 '전략경영 사례'를 재구성하는 방법론 부분이다. 이를테면 이 책 각각의 장에서 소개하는 전략경영 사례를 재구성하는 방법을 알고 익히는 장이다.

2장은 문제 해결 프로세스를 소개한다. 문제 해결과 관련 있는 '쾰러(Wolfgang Köhler·1887~1967)의 침팬지 실험'에서부터 논리가 중요한 이유와 유독 문제 해결 절차에서 논리를 강조하는 까닭은 무엇인지를 밝혀 보고자 한다. 여기에 빼놓을 수 없는 것 하나가 바로 '사고력'이다. '가설 사고'와 '사실 중심 사고'는 문제 해결 절차에 속한 요소는 아니지만, 문제 해결을 마칠 때까지 잊어서는 안되는 중요한 생각 지표와 같은 구실을 하기 때문에 여기 2장에서 다루고자 한다.

3장은 문제 해결 프로세스 첫 번째 단계인 '문제 정의'를 기술적으로 다루는 장이다. 전략경영 사례를 통해 우선 문제 정의는 어떤 여정을 거쳐 도착하는 지점인지를 아는 것이 중요하다. 이 문제 정의 방식은 4장 원인 분석 5장 대안 탐색 6장 해결(안) 선정까지 늘 글을 시작하는 마중물로 쓰기 때문이다. 여기 3장에서 소개하는 '토이저러스 파산 선언' 전략경영 사례에서 문제정의문을 완성하는 요령을 터득하면 나머지 장은 좀 더 쉽게 익힐 수 있다.

4장은 원인 분석이다. 이 장에서 소개하는 전략경영 사례는 '후지제록스 호주 법인 회계 부정 사건'이다. 사실 이 사례를 다루는 데 있어 적지 않은 부담감이 있다. 그 까닭은 사실 관계를 파악하는 데 한계가 있기 때문이다. 이 점을 보완하기 위해 있는 사실을 토대로 5WHY 전개, 추론하는 방식을 쓸 수 밖에 없었다. 그럼에도 불구하고 위안인 점은 '회계 부정'과 상관 있는 여러 요인을 밝혀 냈다는 점이다. 이에 대한 자세한 내용을 소개한 장이 4장 원인 분석이다.

5장은 대안 탐색이다. 이 장에서는 '로직 트리(Logic Tree)'와 'MECE(MECE: Mutually Exclusive and Collectively Exhaustive · 상호간에 중복되지 않고 전체로는 누락이 없다)'. 이 두 프레임을 쓰는 방법을 소개한다. 대안탐색은 발산 사고와 수렴 사고를 서로 순환하며 쓰는 활동이다. 이를테면 많은 양의 아이디어를 발산하고 이를 의미 있게 분류 · 수렴하는 일을 말한다. 이 두 활동을 구조화 시킨 것이 로직트리이고, 이 로직트리를 구성하는 개념이 바로 MECE이다. 요컨대 해결(안) 선정 활동에 필요한 아이디어는 서로 중복됨이 없어야 하고, 빠트린 것도 없어야 한다는 말이다. 5장 대안 탐색은 바로 이 점을 익히는 장이다.

6장은 해결(안) 선정이다. 문제 해결 마지막 단계이다. 이 장 주요 활동은 1단계에서 정의한 문제를 해결할 수 있는 아이디어를 선정하는 것이고, 아이디어를 선정할 때 따져야 할 조건과 방법론을 익히는 것이다. 익히 알고 있고 보편적으로 쓰는 '페이오프 매트릭스(pay-off matrix)'

를 폭넓게 쓰는 방안도 함께 소개한다.

이렇게 구성한 총 6장은 기본 구성이다. 각 장 주제를 벗어나는 내용은 크게 없을 것이다. 한 가지 밝혀야 할 사실은 이 책에서 소개하는 내용은 온전히 내 힘으로만 엮은 것은 아니다. 총 30개월 동안 연구 활동을 함께 해 온 '문제해결 연구회' 회원들 지성과 노고가 토대가 되었고, 그 이야기를 오롯하게 담은 것이다.

마지막으로 이 책은 단숨에 읽는 책은 아니라는 점이다. 문제 해결 한 부분을 탐구하고 토론하고 익히는 과정을 함께 한 연구원의 연구 기록 성격도 띠고 있기 때문이다. 이 책을 내는 배경이 여기 있는 탓에 이 책은 일을 잘하고 있을 때보다는 일을 하다가 잘 풀리지 않거나 어떤 실마리만 주어지면 일을 더 잘 할 수 있겠다 싶을 때 또는 자신이 알고 있는 문제 해결 능력을 좀 더 세련된 것으로 만들고 싶은 의욕이 넘칠 때 손에 쥐고 읽으면 후회는 없다. 적어도 문제정의 기술 수준만큼은 한 수준 높아질 것이기 때문이다. 게다가 수많은 전략경영 사례를 자신이 좀 더 쓸모 있는 방법으로 쓸 수 있는 방법론을 익힐 수 있는 기본서로 써 준다면 그것만한 고마움은 없을 것이다. 문제해결을 익히는 기본서로 기억해 주기를 바라는 마음 인지상정이니, 부디 이롭게 써 줬으면 한다.

이 글은 2016년 가을에 시작한 '문제 해결 연구회' 30여개 월 간 연구와 활동 기록이다. 이 기록이 훗날 어떤 유산으로 쓰이면 영광스러운 일이다. 이보다 연구회 태동부터 현재까지 자기 시간을 아낌없이 쓰고 있는 지지자 10명에게 내가 표현할 수 있는 고마움이 이 글에 오롯이 담겨 있다. 그 말이 더 알맞다. 여기에 작별의 서도 없이 하늘로 떠난 래퍼런스HRD 유기상 실장에 대한 애틋함을 잊지 않기 위함도 있다.

문제해결 연구회는 '문제 해결 절차'를 익히고 쓰는 것을 그 목적으로 한다. '세상에 포기할 문제는 없다. 해결해야 할 문제만이 존재한다'라는 출사표를 내고 시작했다. 매년 각 분기 3개월을 한 시즌으로 연구하고 활동한다. 연구회 존재감이 설익었던 첫 시즌에는 우여곡절이 많았다. 가장 기억에 남는 것은 '문제 정의' 중요성은 숱하게 들었지만 실제적으로 써 본 경험이 없는 점을 간과했는지 '문제 정의문'을 작성하고 익히는 데 많은 시간을 썼다.

여섯 번째 시즌이 돼서야 문제 정의 기술이 몸에 배였다. 이를 두고 '별것도 아닌 일을 그렇게까지 용을 썼느냐?'라고 타박하는 이가 있겠지만 말이다. 그러게 말이다. 그것이 뭐라고…. 하지만 '문제 정의'는 그리 만만한 상대가 아니다. 문제는 '현 상태와 바람직한 상태 간 차이'를 말한다. 그 '차이'를 드러내 이를 글로 기술하는 일이 문제해결 절차 중 51%나 차지한다고 본다. 문제해결 절차를 시작할 수 있는 첫 관문이니 만큼 오랜 시간 공들이는 일은 당연하다. 또한 연구회가 반드시 해 내야 하는 부분인 점도 있다. 사실 문제해결 연구회는 애당초 '문제정의' 방식에 갈증이 심했다. 숱한 '문제 해결 방법'을 뒤져봐도 '차이가 곧 문제'라는 설명은 있을 뿐, 그 '차이'를 드러내는 방식에 대한 안내는 늘 부족했다.

　대다수 '문제정의'는 가설을 만든 후 이를 검증하는 방식으로 문제해결 절차를 시작한다. 이 방법은 논문을 쓸 때 알맞은 연구문제에 가깝다. 우리가 잘 알고 있는 맥킨지 식 문제 해결 방식도 이 맥락이다. 연구회 역시 이 방식을 쓰곤 한다. 하지만 현 상태와 바람직한 상태 간 '차이'를 좀 더 합리적으로 드러내는 방식은 없을까 고민했고, 그 해법을 찾으려고 모여 연구했고, 마침내 꽤 쓸모 있는 문제 정의 기술 방식을 찾은 그 여정을 여기에 담았다. 그 기간만 18개월이다.

앞서 밝혔듯이 이 글 대부분은 18개월 간 탐구 활동과 나머지 12개월 총 30여 개월 간 오로지 '문제해결' 한 분야를 파고 든 기록이다. 문제정의 기술을 시작으로 원인분석 기법인 5WHY를 실습하며 토로한 애증도 섞여 있다. 단순히 그 내용을 'A는 B, C는 A, C는 B 따라서 A는 C이다'라는 논리 흐름을 따지고 묻는 기록만은 아니라는 얘기다.

배우고 익히는 데 있어 줄거리 있는 이야기 만한 것이 없기에 문제해결 절차를 좀 더 박진감 있게 드러내기 위해서 아이디어가 필요했다. 그 결과 얻은 것은 이미 검증을 마친 전략경영 사례를 끌고 와 연구회 방식으로 접근하고 재구성한 후 문제해결로 연결 짓는 것이었다. 요컨대 문제해결을 기술적으로 익히는 데 마중물을 전략경영이 놓는 셈이다.

그렇다고, 전략 경영 사례를 헛헛하게 준비하진 않았다. 사례를 좀 더 입체적으로 이해하기 위한 방편으로만 전략 도구를 썼다. 핵심은 문제해결에 있다고 전략을 소홀히 다루지 않았고, 다룰 수도 없는 것이 또한 전략인 점을 간과하지 않았다.

십 수년을 '전략'이란 낱말을 애지중지했다. 맡아 한 일이 전략을 다루는 일인 점도 있었지만, 작동 원리는 무엇인지가 더 궁금했다. '전략'

이란 두 글자가 인쇄된 것이라면 가리지 않고 읽었고, 여행지를 가서도 이곳이 특별한 까닭을 따지는 일이 더 재밌었다. 신상품을 볼 때도 마찬가지다. 게다가 내가 소비하는 제품 하나하나를 '어떤 전략인가?'를 항상 묻곤 했다. 의식적인 반응이라기 보다는 몸에 익은 반사 신경과도 같았다. 이런 노력 끝에 내가 얻은 결론은 '전략은 분명 독특한 점, 특별한 무엇인가 있어야 한다'라는 것이다. 여기에 담은 전략경영 사례는 그 독특함과 특별함을 문제해결 연구회 시각으로 낱낱이 파헤친 후 또 쓸모 있는 것을 찾아 연구회 모임 때 요긴하게 썼던 날의 기쁨과 환희, 좌절고 절망을 전략적으로 다룬 것들이다.

'문제해결'은 지난 10여 년 간 줄기차게 강의한 내 과목이다. 여기 담은 문제해결은 그 간 어떻게 문제해결을 풀었고, 무엇을 고민하고 해결했 는지를 소상히 썼다. 간혹 문제해결 과정이 힘들 때가 있었다. 그 때 나 는 무엇과 싸웠는지를 남기고 싶었다. 그 얘기가 누군가에게는 도움이 되지 않을까 싶은 마음이 드는 것은 인지상정 아닌가. 한번은 내가 혹시 신의 계시를 받은 것인가라는 생각도 들었다. 그 때 신은 내게 세 가지 를 말했다. 첫째, 문제해결은 실용적이어야 한다. 둘째, 주장은 명확하게 밝히되 공감을 얻어야 한다. 셋째, 지금까지 했던 일 말고 새로운 일을 찾는 일이 곧 문제해결이어야 한다.

첫째와 둘째는 이 책이 추구하는 방향이고 가치·기준점이다. 하지만 세번째 항목은 고민이다. 지금까지 해 왔던 노력과 쌓았던 일 말고 '새 로운 일을 찾아야 한다'라고 하니 말이다. 그 대상이 구체적으로 떠 오 르지 않는다. 그러던 중 문제해결 연구회 활동을 함께 하는 원운식 대표 (원 HRD)가 내게 '문제해결 책을 써 보시라' 한다. 나는 즉답은 하지 않 았다. 지금껏 내가 다뤘던 문제해결 사례를 글로 엮는 것을 진중하게 생 각해 본 적이 없기 때문이다. 하지만 책을 출간하는 일은 분명 내게 새로운 일이다. 들어가는 말이 중언부언 하는 것 같아 두렵기도 하다. 내게 어떤 문제가 있는 것일까. 무엇이 문제인가? 이 책은 이 질문과 함께 시작한다.

목차

1 전략경영과 문제해결

2 문제해결 프로세스

3 핵심을 정의하라

전략경영 UNIQUE · VALUE CHAIN · FIT

'WHAT IS STRATEGY?'는 1996년 마이클 포터 교수가 하버드 비즈니스 리뷰에 발표한 글 제목이다. 포터 교수는 이 글에서 '전략은 경쟁자가 모방할 수 없는 독특한(UNIQUE) 점을 찾는 활동'이라고 밝혔다. 이를테면 1990년 걸프 전 이후 급부상한 사우스웨스트 항공사는 '기내식을 제공하지 않는' 전략을 수익성 원천으로 삼았다. 반면에 이를 모방한 콘티넨탈 항공사는 원가절감에 실패, 2010년 유나이티드 항공사에게 매각 당했다.

두 항공사 전략은 비교적 비슷했다. 하지만 사우스웨스트 항공사 전략은 '저렴한 가격에 특정 루트만 빨리 이동하고 싶은 고객'을 타깃 한 반면 콘티넨탈 항공사는 이 같은 타깃 점 없이 모방에만 그쳤다. 이 타깃 포지셔닝만으로 사우스웨스트 항공사 성공을, 콘티넨탈 항공사 실패를 단순화하기에는 궁금한 점이 너무 많다.

독특한(UNIQUE) 지점(POSITION)을 발견한 것은 분명 좋은 전략이고, 삼삼한 아이디어 쯤으로 여겨도 좋다. 하지만 구슬이 서 말 이어도 꿰어야 보배라는 옛 속담이 있듯이 포터 교수 역시 독특한 지점을 잘 꿰어 보배로 만들기 위해서는 전략을 실현하는 활동이 매우 중요하다는 점을 지적하고 있다. 요컨대 비행기 목적지가 정해졌으니 안전하고 편안하게 이륙하고 비행한 후 착륙하는 모든 과정은 톱니바퀴 돌아가듯 척척 맞아떨어져야 한다는 것이다. 이를 개념화 한 낱말이 '적합하다 또는 적절하다'라는 뜻을 가진 'FIT'이고, 이를 구조화한 모형이 가치사슬(VALUE CHAIN)이다.

사우스웨스트 항공은 '저렴한 가격에 특정 루트만 빨리 이동하고 싶은 고객' 전략 실현을 위한 조치로 대다수 항공사가 제공하는 '풀 서비스(FULL SERVICE: 1등석 · 지정좌석제 · 기내식 제공 등)'를 '포인트 서비스(POINT-TO-POINT: 비행시간 단축 · 정비 시간 단축 · 저 가격 · 공항에서 직접 발권 등)'로 전환했다. 요컨대 사우스웨스트 항공사와 컨티넨탈 항공사가 선택한 것과 집중한 것은 달랐다. 사우스웨스트 항공은 세 부문 가치사슬 비중을 낮춘 반면, 콘티넨탈 항공사는 그 어느 것도 포기하지 않았다. 콘티넨탈 항공사 원가절감 실패는 바로 이 점을 두고 하는 말이다.

그림 1-1 마이클 포터 교수가 제시한 가치사슬(Value Chain) 모형

Support Activities

기업하부구조 Firm Infrastructure				
인적자원 관리 Human Resource Management				
기술개발 Technology Developement				
조달 Procurement				
연구개발·구매 Inbound Logistics	제조·생산 Operations	물류 Outbound Logistics	마케팅과 영업 Marketing & Sales	서비스 Service

지원활동 / 본원적 활동 / 마진 Margin

Primary Activities

해결에 집중하라

그림 1-2   항공산업 가치사슬(Value Chain) 모형: 사우스웨스트 항공사 추정

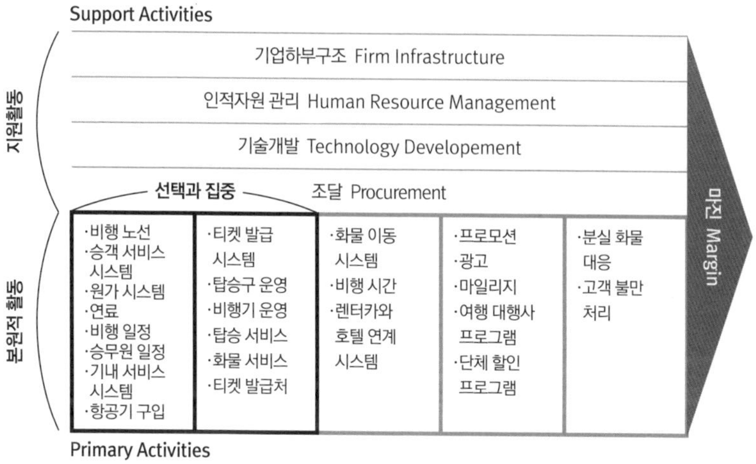

Support Activities

지원활동

| 기업하부구조 Firm Infrastructure |
| 인적자원 관리 Human Resource Management |
| 기술개발 Technology Developement |
| 조달 Procurement |

선택과 집중

본원적 활동

| ·비행 노선
·승객 서비스
  시스템
·원가 시스템
·연료
·비행 일정
·승무원 일정
·기내 서비스
  시스템
·항공기 구입 | ·티켓 발급
  시스템
·탑승구 운영
·비행기 운영
·탑승 서비스
·화물 서비스
·티켓 발급처 | ·화물 이동
  시스템
·비행 시간
·렌터카와
  호텔 연계
  시스템 | ·프로모션
·광고
·마일리지
·여행 대행사
  프로그램
·단체 할인
  프로그램 | ·분실 화물
  대응
·고객 불만
  처리 |

마진 Margin

Primary Activities

그림 1-3   항공산업 가치사슬(Value Chain) 모형: 콘티넨탈 항공사 추정

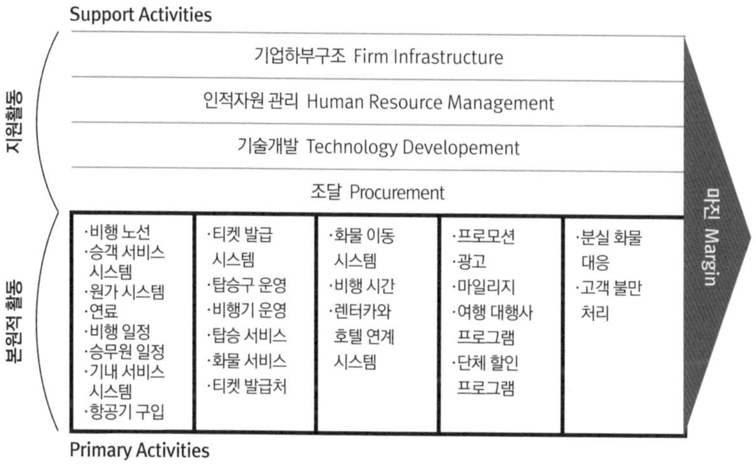

Support Activities

지원활동

| 기업하부구조 Firm Infrastructure |
| 인적자원 관리 Human Resource Management |
| 기술개발 Technology Developement |
| 조달 Procurement |

본원적 활동

| ·비행 노선
·승객 서비스
  시스템
·원가 시스템
·연료
·비행 일정
·승무원 일정
·기내 서비스
  시스템
·항공기 구입 | ·티켓 발급
  시스템
·탑승구 운영
·비행기 운영
·탑승 서비스
·화물 서비스
·티켓 발급처 | ·화물 이동
  시스템
·비행 시간
·렌터카와
  호텔 연계
  시스템 | ·프로모션
·광고
·마일리지
·여행 대행사
  프로그램
·단체 할인
  프로그램 | ·분실 화물
  대응
·고객 불만
  처리 |

마진 Margin

Primary Activities

사우스웨스트 항공사가 'INBOUND LOGISTICS'와 'OPERA-TIONS'을 선택 집중했다는 것은 나머지 세 부문을 완전히 포기한 것을 뜻하지는 않는다. '80:20' 파레토 법칙을 적용했음을 말한다. 또한 이것이 곧 'FIT'을 의미하진 않는다. 선택과 집중한 80 외 20 부문이 톱니바퀴 한 부분을 정확하게 담당해야 비로소 'FIT'이 완성하기 때문이다. 사우스웨스트 항공사는 어떻게 이 일을 해냈을까? 이에 대한 모범 답안은 고인이 된 허브 갤러허(Herb Kelleher · 1931~2019) 리더십이 구축한 조직문화이다.

생전에 그는 '펀(FUN) 리더십'으로 유명하고, 사우스웨스트 항공사 조직문화는 그의 리더십을 오롯이 담고 있다. 대표적인 사례가 지금까지도 회자되고 있는 기내 방송, "담배를 피우실 분은 밖으로 나가셔서 비행기 날개 위에 앉아 마음껏 피우셔도 됩니다. 흡연 중에 감상하실 영화는 〈바람과 함께 사라지다〉입니다"라는 안내 멘트다. 기장의 이런 재치와 유머 원천이 바로 갤러허 회장 리더십이다. 이를테면 사우스웨스트 항공사 전략 FIT 중 마지막 한 축을 갤러허는 'HUMAN RESOURCE & MANAGEMENT'로 삼은 것이다.

전략(STRATEGY)은 단순하다. 수익성을 내는 것이 그 목적이다. 이를 위해서 독특한 지점을 찾고 선점하는 일이고, 가치사슬을 FIT하게 움직이는 리더십을 발휘하는 것이다. 전략경영(STRATEGIC MANAGEMENT)은 바로 이 활동이다.

해결에 집중하라

전략 경영 워크숍을 맡아 할 때면, 전략 도구를 화이트보드에 미리 써 둔다. 이런 비유가 어떨는지 모르겠지만 무기를 고르는 장수와 같은 긴 장감이 있다.

F사는 국내 축산업을 선도하는 기업이다. 연 매출은 1조 원, 업력은 곧 반세기에 도달한다. '사료 사업', '신선식품', '육가공', '축산계열화 사업', 4개 부문이 주력 사업 영역이다. 이 중 '사료 사업'이 총매출 50%를 차지하는 F사 '캐시카우(Cash Cow)'다.

이번 F사 워크숍 참가자는 현업에서 경쟁전략을 실행하는 실무자이다. 어설픈 전략경영 사례는 '현실 감각 부족'이라는 핀잔을 들을 수 있고, 단순히 전략 도구 쓰임을 익히는 것이라면 으레 하는 교육으로 여길 수 있다. 두 상황 모두를 피하고 싶지만, 피할 수 없는 상황, 또는 둘 중 하나는 선택해야 하는 상황을 전략에서는 '트레이드오프(TRADE OFF) 딜레마'에 놓였다고 말한다. 굳이 전략을 앞세우지 않더라도 실제 생활에서 쉽게 겪는 일이기도 하다.

마이클 포터 교수는 이같은 '트레이드오프' 상황에서 '포기할 것을 먼저 골라라!'라고 조언한다. 선택하려고 애쓰기 보다는 포기할 것을 정하는 일이 심리적으로 편하고 더 합리적이라는 것이다. 전략을 생각하면 가장 먼저 떠 올리는 '선택과 집중'이라는 말은 바로 이 같은 '트레이드오프' 상황에서 '먼저 포기할 것을 고르고 남은 것에 집중하라'라는 의미이다.

F사 워크숍은 11가지 전략 도구 중 7개를 포기하고 남은 'BCG 매
트릭스(Boston Consulting Group Matrix)', '가치사슬(Value Chain)',
'시장-제품 중심(Ansoff Matrix)', '경쟁 전략 매트릭스(Competitive
Strategy Matrix)' 4개 전략 도구에만 집중하기로 했다.

BCG 매트릭스는 현금 흐름을 토대로 투자 사업과 철수 사업을 선별
하는 도구이다. 사업 현황판쯤으로 여겨도 좋다. 한 발 더 나아가 '문제
아'를 '현금젖소'로 만드는 전략(안)을 만들거나 '개' 영역으로 떨어지지
않기 위한 예방책을 마련할 때도 쓰곤 한다. 가치사슬 분석은 자사 수익
구조와 흐름을 익힐 수 있다. 또한 '리더십', '커뮤니케이션', '갈등 관리'

그림 1-4　BCG 매트릭스

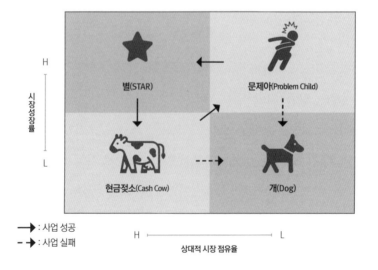

가 필요한 지점을 발견할 수 있는 전략 도구이다. 전략경영 워크숍은 두 도구를 통해 얻은 시사점 또는 문제정의문을 토대로 '제품 - 시장 전략 매트릭스'와 '경쟁 전략 매트릭스' 중 하나를 선택한 후 경쟁전략을 상호 비교 토론하고 판별하는 방식이다.

그림 1-5   시장 제품 중심 매트릭스

Igor Ansoff. 1957 하버드 비즈니스 리뷰	경쟁우위	
	Existing Product	New Product
Existing Market	시장침투 전략	제품개발 전략 (관련다각화 전략)
New Market	시장개발 전략 (확장전략)	비관련다각화 전략

그림 1-6   경쟁 전략 매트릭스

Porter. M. E. 1990 The Competitive Advantage of Nations. New York: Free Press: 39.		경쟁우위	
		저원가	차별화
경쟁범위	광범위한 시장	원가우위 전략	차별화 전략
	좁은 시장	원가집중 전략	집중차별화 전략

F사 전략경영 워크숍 결과, '물류 혁신', '원가 우위를 더 견고하게 하는 선행지표 개발 전략', '세일즈 역량을 네트워크에 집중하는 시장 개척 전략', '적정 원가를 관리하고, 고품질로 혁신하는 R&D 전략', '4개 기업 간 경쟁에 뛰어들지 않고 틈새시장을 공략하는 집중 차별화 전략'이 선보였다. 당장 현업에서 쓴다 해도 손색 없는 전략이다.

재치와 유머가 넘치는 반박과 주장은 워크숍 분위기를 한껏 높인다. 하지만 이 5개 워크숍 그룹이 실존하는 기업이고, 이 전략으로 상호 경쟁한다고 하면, 경쟁우위를 차지하는 기업은? 100년 후에도 이 5개 기업은 여전히 남아 있을까? 합종연횡을 한다면 어떻게 할까? 사라진 기업은 무엇 때문에 사라진 것일까? 워크숍은 성황리에 마쳤지만 F사 리더들이 남긴 전략지성의 향연은 오래도록 뇌리를 떠나지 않았다.

그림 1-7 　F사 가치사슬 분석 활동 결과물

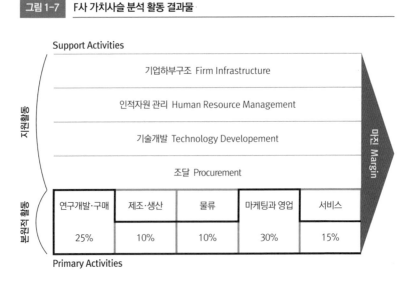

"구성원과 목표에 대한 한 방향: 합심하는 것"

'전략이 자기 업무에서 중요한 까닭은 무엇입니까'라고 묻는 질문에 한 분이 내민 답변이다. '한 방향은 어떤 의미입니까?'라는 질문을 한 번 더 하자 '구성원 모두가 합심하는 것'이라고 했다. '한 방향'이라는 말은 '비전(VISION)', '목적과 목표(GOAL & OBJECTIVES)' 여기 '전략(STRATEGY)' 워크숍까지 포함해서 이 세 과정에서 유독 많이 쓰는 말 중 하나이다.

그 말이 나쁘다거나 잘 못 썼음을 지적하려는 것이 아니다. '한 방향'이라는 말을 썼을 때, '합심(合心)'이라는 낱말이 대개 따라붙는 점이 의아했기 때문이다. 요컨대 '흩어진 마음을 한곳에 모은다'라는 뜻인 '합심'은 전략을 실현할 때 불안한 마음을 다 잡는 마중물로는 좋다. 하지만 일렬종대로 서는 것을 '합심'이라는 뜻으로 쓴 것이라면 이는 좀 생각해 볼 점이 있다.

전략 입장에서 '한 방향 정렬'은 조직 내 여러 기능이 '이윤(MARGIN)을 향해 정교하게 맞물려 돌아가야 한다'라는 의미다. 이를 개념화 한 것이 바로 '가치 사슬(Value Chain)'이다.

'기업은 이윤이라는 목적 달성을 위해서 본원적 활동(PRIMARY ACTIVITIES)과 지원 활동(SUPPORT ACTIVITY)이 톱니바퀴 마냥 맞물려 적시에 적합하게 돌아가야 한다'라는 것이 가치 사슬을 창안한 마이클 포터 교수 주장이다. 포터 교수는 여기에서 한 가지 개념을 더 제시했다. '적시에 적합하게 맞물려 돌아가야 한다'라는 뜻을 'FIT'라는 낱말로 전략 용어화 한 점이다.

조직 내 '리더십', '커뮤니케이션', '갈등' 대부분은 두 활동 즉, '본원적 활동'과 '지원 활동'이 'FIT'하지 못한 데 따른 문제라고 봐도 무방하다. 포터 교수는 이를 해결하는 힘이 곧 '전략 리더십'이라고 말했다. 한때는 두 활동 간 'FIT'를 가장 오랫동안 유지하는 원천을 '조직문화'라는 주장을 펴기도 했다. 여담이지만 포터 교수 주장은 전략 어젠다로 삼아도 좋은 이유는 이슈를 선점하는 능력과 통찰력이다.

여하튼 이 글 처음으로 돌아가서 '한 방향 정렬'에 대한 내 입장은 '기업이 이윤을 내기 위해서는 가치 사슬 활동인 본원적 활동과 지원 활동은 서로 'FIT'해야 한다'라는 '협력(COLLABORATION)'에 방점을 찍고 싶다. 하지만 많은 전략경영 워크숍에서 특히 리더 위치에 선 이들 대부분은 '한 방향 정렬'을 '협력'으로 말하는 듯 하지만 사실은 통제의 레토닉(rhetoric · 미사여구)으로 '한 방향 정렬'을 '일렬종대' 뜻으로 쓰는 듯 한 인상이 남곤 한다.

줄다리기는 협동하는 게임이다. 상대자도 나와 같은 정신으로 시합에 임하는 (조직 내 기능 특성은 필요하지 않는) 힘 겨루기다. 하지만 전략은 줄다리기 시합과는 다르다. 경쟁자와 마주 보지 않고, 나란히 서서 경주하는 게임이다. 그 과정에서 경쟁자는 나를 따돌리기 위해 어떤 비기를 쓸지 모른다. '한 방향 정렬' 의미를 '일렬종대' 또는 '합심' 의미로 지금 쓰고 있다면 경쟁자를 따돌릴 수도, 비기를 피할 수도 없다. 조직이 즐겨 쓰는 '한 방향 정렬'을 부디 단순한 힘 겨루기나 통제 장치로 쓰는 일은 없었으면 싶다.

전략경영 **사례연구: CASE STUDY**

불현듯 '전략은 생물과도 같다'라는 말이 떠올랐다. 그러고는 그 뒷말을 한참 동안 잇지 못했다. 분명 어떤 일을 두고 한 말일 텐데 그것이 무엇인지 좀처럼 생각나지 않는다. 다만 지금 이 순간에도 살아 움직이는 모든 것은 다 '전략적 행동'이라는 점이다.

전략이 살아 움직이는 것이니만큼 현재 수준을 논하고 평가하는 일은 어렵다. 2019년 현대모비스는 얀덱스(Yandex: 러시아 최대 포털 사업자)와 협력하여 완전 자율주행차(신형 쏘나타)를 개발, 모스크바에서 선보였다고 한다. 현대모비스의 이 활동은 분명 전략적 행동이다. 하지만 그 활동이 성공 혹은 실패라는 판단은 해서도 안되고 할 수도 없다. 게다가 성공과 실패 여부를 논하려면 적어도 손익분기점을 논할 수 있는 3년 쯤 후에야 가능하다. 다만 현재 시점에 전망은 얼마든지 가능하다.

이런 이유가 있어 전략을 익히는 일은 언제나 일정 기간이 지난 결과물에서 시사점을 찾고, 발견한 시사점으로 새 전략을 구상하는 마중물로 삼는 것이 정설이다. '사례연구(CASE STUDY)'는 이러한 맥락을 꿰뚫는 산출물로써 전략을 익히는 전략적 활동 중 하나다.

'경영전략(STRATEGIC MANAGEMENT THEORY)' 저자 힐(CHARLES W. L. HILL 워싱턴 대학교 교수·뉴욕 대학교 존스(GRARE R. JONES) 교수, 실링(MELISSA A. SCHILLING) 교수 공동) 교수는 저서에서 '전략은 한 기업의 성공과 실패 원인을 밝혀주고, 지속적인 성과를 내는 방법을 알려준다'라고 쓴 바 있다. 요컨대 사후약방문(死後藥方文)으로 전략만 한 것이 없다는 얘기로 써도 될 듯 싶다. 힐 교수가 사후약방문으로 제시한 방안이 바로 '사례연구(Case Study)'이다.

사례연구는 '조직이 직면하고 있는 전략경영과 관련 있는 문제를 해결하는 경험을 제공하는 것'이라고 힐 교수는 말한다. 이를테면 성공한 전략 대부분은 문제 해결을 적시에 적합하게 잘 해낸 성과라는 말이다. 이 점은 포터 교수가 지적한 '가치사슬 두 활동은 FIT 해야 한다'라는 주장과 상관있다. 즉 'FIT'라는 말의 속 뜻은 '문제를 제대로 잘 해결한 상태'라는 것이다.

힐 교수 사례연구 방법론은 세 부문으로 요약할 수 있다. '사례를 개발하는 목적', '방법론', '보고서 쓰기'가 그것이다.

첫 번째, 사례를 개발하는 목적은 앞서 소개한 내용과 크게 다르지 않고, 한 가지 신선한 점은 다양한 사건을 다루기보다는 한 사건을 특정하는 것이 이롭다는 점이다.

둘째, 사례 연구 방법론 이를테면, 사례 개발 절차는 '기업 연혁 –

SWOT 분석 - 기업 전략·경쟁전략 분석 - 의견 제시' 순이다. 이 중 '의견 제시'는 사례 연구에 있어 가장 중요한 활동임을 강조한다. 그 이유는 간명하다. 사례를 통해 전략을 익히는 목적은 성공과 실패를 거울 삼아 수익성을 개선하는 데 쓰는 것이기 때문이다.

의견 제시는 기업이 직면하고 있는 전략 문제를 해결하는 동시에 미래 수익성을 증가시키는 것과 관련있어야 한다. 이 지점에서 잠깐 포터 교수가 가치사슬에서 쓴 '이윤(MARGIN)'이라는 말은 수익성과는 궤가 좀 다르다. 요컨대 수익성은 '이윤'과 '비용' 함수이고, '이윤'은 수익성 구성의 한 축이기 때문이다.

셋째, 보고서 쓰기다. 짐짓 예상했겠지만 보고서 뼈대는 '재무 분석'에 초점을 맞춘다. 이 점이 가장 골치 아프다. 전략경영 워크숍에서 재무분석은 가깝고 먼 나라 일본을 대하는 애증의 역설과도 같다. 재무 분석 전까지 사례는 흥미진진한 것이 삼국지와 맞먹고, 인생 축소판 같기도 하고, 인간관계 대부분을 해석하고 설명할 수 있을 것만 같다.

하지만 '대차대조표'와 '손익계산서'라는 말을 듣는 순간 아연실색 한다. 게다가 '자본금 이익률(profit ratios), 유동성 비율(liquidity ratios), 활동성 비율(activity ratios), 레버리지 비율(leverage ratios), 주주수익률(shareholder-return ratios)' 등 '5률' 형제가 등장하는 순간 워크숍은 무아지경(?)에 빠진다.

반면에 전략 수립 액션러닝 현장은 좀 다르다. 타협점이 있기 때문이다. 재무분석 범위를 우선 축소한다. 현업에서 주로 쓰는 '영업 이익률'

과 '순 이익률' 두 지표만으로 보고서 쓰기를 마무리하기 때문이다. 두 지표 만으로 보고서 쓰기를 해도 내용은 충만하고, 안성맞춤이다. 하지만 다가올 100년을 담는 전략 보고서에는 재무분석 '5률 형제'를 무시해서는 안된다.

전략 경영 워크숍(액션러닝 포함)에서 보고서 수준을 질적으로 높이고 싶은 욕심이 들 때가 있다. 그 때는 힐 교수가 제시한 '투하된 자본에 대한 순이익률 즉, 투하자본 수익률(ROIC=순이익÷투하자본)' 지표를 쓰면 좋다. ROIC는 수식이 간단할 뿐만 아니라 돈을 어떻게 썼는지를 판단하는 효과성을 정확하게 짚어 준다. 게다가 전략이 생물처럼 움직이는 기간 내내 전략이 어떤 가치를 창출했는지를 알 수 있는 측정 지표이기 때문에 쏠쏠하다.

마지막으로 이 글 첫 말, '전략은 생물과도 같다'라는 입장을 정리할 참이다. '사례연구'에서 그 실마리를 찾았다. 이렇게 고쳐 쓸 수 있다. '전략은 사건으로부터 시작한다', '그 사건은 문제이고, 문제는 적시에 적합하게 해결해야 한다' 따라서, '문제해결 수준은 곧 전략(또는 전략경영) 수준이다'라고 말이다.

전략경영 사례연구와 문제해결

한 기업이 서고 주저앉은 과정을 '사례(CASE)' 삼을 때 부딪히는 한계에 대한 이야기다. 첫 번째가 '정말 성공인가? 아니면 실패인가?'라는 질문이다. 2012년 파산 신청을 한 코닥(KODAK)은 여전히 비즈니스 중이다. 다만 더 이상 '코닥 필름'으로 만나지 못할 뿐, 여전히 'Kodak moment · 사진으로 남기고 싶은 순간'을 이어가고 있다. 스마트폰 사업에도 진출했고, 아날로그 시네마 카메라도 만든다. 지난 2018년 '소비자 가전 전시회(Consumer Electronics Show · CES)'에서는 '암호화폐 발행'과 '채굴기 사업' 진출을 발표하는 깜찍함을 선보이기까지 했다. 이런 이유 때문에 '사례는 특정한 사건을 다뤄야 한다'라는 힐(CHARLES W. L. HILL 워싱턴 대학교) 교수 주장을 납득할 수 있다.

'이스트만 코닥(Eastman Kodak Company)'이 전략사에 남긴 시사점은 '1975년 최초로 디지털카메라를 만들고도 상용하지 않은 점'이다. 그로부터 5년여 후 '필름 시장이 위험하다'라는 내부 보고가 있었다고 한다. 하지만 코닥은 '사진은 현상액에 담근 인화지를 꺼냈을 때, 희미한 기억이 서서히 선명한 추억으로 드러나는 그 찰나의 환희를 즐기는 일이야!'라는 말로 '디지털 코닥'이 되는 것을 거부했다. 이때가 1981년이다.

같은 해 '소니(SONY)'는 디지털카메라 상용화에 성공했다. 그 후 '올림푸스', '캐논' 순으로 시장 맹주 자리를 차지한 듯 하다. 하지만 '애플(Apple)'이 등장한 후 디지털카메라는 스마트폰 한 부속품으로 전락한다. 2007년 애플 아이폰이 세상에 뿌려진 후 일상은 혁명을 당한 것 마냥 달라졌다. 핸드폰, 디카, MP3를 주렁주렁 달고 다니는 것은 촌스러움 그 자체인 시절이었다.

그림 1-8 디지털카메라 변천

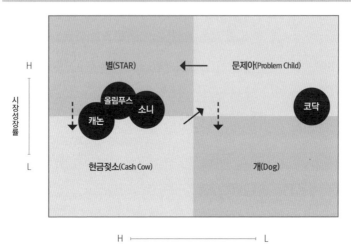

2000년대, 2007년 애플 등장 전

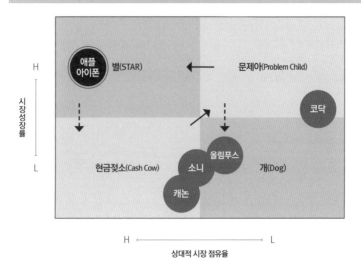

2007년 애플 아이폰 등장

해결에 집중하라

'이스트만 코닥'이 파산(정확하게는 회생 절차)을 선언한 2012년 애플 총매출액은 360억 달러였다. 아이폰 2690만 대를 팔아치웠다. 총 매출액 역시 전년 대비 58% 상승한 해였다. 그 해 9월 애플 주식은 한 주당 $700을 기록하는 기염을 토하는 뜨는 해였고, 반면에 코닥은 2004년 나스닥에서 쫓겨난 후 파산 신청서를 낸 지는 해였다. 이 두 사건은 당연히 사례연구 대상이다.

하지만 살아 움직이는 애플 보다 코닥이 사례로는 더 쓸모 있다. 이미 결론이 났기 때문이다.

하버드 경영 대학원 클레이트 크리스텐슨 교수 저서 '혁신의 딜레마(Innovator's Dilemma)' 요지는 후발 기업에 밀려 선도 기업이 시장 지배력을 상실한 사례를 담론으로 펼치고 있다. 1997년 출간한 책이지만 코닥의 몰락을 설명하는 데 이만한 분석글이 없다. 하지만 크리스텐슨 교수 주장을 빌린 한 줄 시사점으로 성에 차지 않는 부분도 있다. 기술 환경 변화에 대응하지 못한 사례로만 쓰는 것이 아쉽기 때문이다. 항변하고 싶은 코닥의 속 사정이 있지 않을까 싶다.

요컨대 코닥 내부 핵심 임원, 하물며 본사 직원이 아니면 알 수 없는 알려지지 않은 사실과 밑바닥 정서 · 분위기 · 리더십을 배제하고 1981년 '디지털 코닥'을 거부한 결정을 두고 '승자의 여유', '과도한 확신', '확증 오류'라는 해설이 마뜩지 않은 점도 있기 때문이다. USA투데이 · 뉴욕타임스 · 포브스 · 월스트리트저널 · CNN 보도가 내놓은 논평을 기정사실로 받아 들일 수 밖에 없는 정보 접근 제한 또한 한계점이다. 최근에는 전문 탐사 블로거 취재에 큰 도움을 받는 것이 그나마 위안거리다.

한 기업의 전략경영 사례를 다룰 때 '전문가'와 '보도기관' 정보에 의지하는 이러한 한계점 때문이라도 사례연구는 좀 더 다양하고 깊게 재구성하는 것이 필요하다. 다만 '재구성'은 '조작', '왜곡'과는 엄격히 다르다. 세 개념 모두 '사실 기반'인 것은 공통점이나, '조작', '왜곡'은 의사결정에 영향을 끼쳐 자기 이익을 추구하는 행위인 반면, '재구성'은 새로운 지평을 넓히는 데 초점을 맞추고 있다. 게다가 익히 알려진 시사점을 자기 시각으로 해석하는 문제해결 능력을 높일 수 있는 점이 가장 강조하고 싶은 부분이다.

전략경영 사례를 다루는 은유법, '이 사건을 해결하라!'

'사건 정리 - 문제 될 만한 이슈 - 이 이슈를 질문으로 만들고 - 질문에 답이 문제정의문' 절차는 자기 생각을 논리적으로 전하는 모델로 알려진 '피라미드 스트럭처(Pyramid Structure)' 도입부 4단계 즉, '상황(Situation) - 전개(Complication) - 질문(Question) - 응답(Answer)' 프레임을 응용한 것이다.

S-C-Q-A로 부르며 쓰는 이 틀은 다양한 형태로 바꿔 쓸 수 있는 장점이 있다. 특히, '내게 왜, 그런 얘기를 하는가?'라는 질문에 S-C-Q-A 절차는 효과적이다.

1. 상황(Situation)	현재 발생한 사건이 자신은 물론 상대에게 깊은 관련이 있음을 환기시키고
2. 전개(Complication)	이 상황이 지속할 때 겪는 긴장감
3. 질문(Question)	그 긴장감에서 벗어나고 싶은 욕구를 자극하는 질문
4. 응답(Answer)	해결(안)

이 4단계 흐름은 '심미적 욕구(Aesthetic Needs)'를 충족시켜 준다. 요컨대 아름답고 새로운 걸 보고 느끼고 싶은 욕구를 방해 받았을 때, 인간은 이를 해결하기 위해서 환경과 교류하고 스스로 변화를 꾀하면서 좀 더 나은 세계로 나아가려 한다는 것이다. 한 마디로 방해받고 싶지 않은 온전한 자기를 위해 인간은 질문을 통해 성찰하는 과정을 4단계로 담은 것이라고 할 수 있다.

교육학자 플레이어(Freire · 1972)는 심미적 욕구 과정을 '문제짜기(problematization)'라는 말로 개념화 했다. 문제짜기는 '질문을 통해 기존 지식에 도전하는 과정'을 말한다. 이어 포칼트(Focault · 1984)는 '문제짜기'를 '올바른 문제 해결을 유도함으로써 참된 성장을 가능하게 해 준다'라는 주장으로 '문제짜기'를 학문 용어로 정착 시켰다.

'문제짜기'는 '성찰(reflection)'과 '구조화(framing problem)' 두 가지 요소를 갖고 있다. 요컨대 '성찰'은 곧 '문제 인식 수준'을 말하고, 이를 구조화 한 것을 S-C-Q-A 라고 봐도 무방하다. '인상주의 - 후기 인상주의 - 표현주의'로 이어지는 미술사조 역시 단순히 이전 단계가 싫증이 났기 때문에 발생한 사건이 아니다. 심미적 욕구가 방해를 받자 이를 해결하고 싶은 욕구가 거대한 문명을 만든 것이다. 이는 배우고 익히는 즐거움 보다 한 차원 높은 것을 추구하는 문제짜기 없이는 불가능한 일이다. 이 지점이 바로 전략경영이 추구하는 '독특한 활동'과 'FIT'이라는 개념이 만나는 지점이고, 그것은 문제해결이 추구하는 가치와도 닿아 있다.

문제해결 연구회는 이런 배경을 갖고 문제해결 기법을 연구하는 곳이다. 다음 소개하는 'S-Is-Q-A' 프레임은 문제해결 연구회가 전략경영 사례를 문제해결로 연결 지을 때 쓰고자 S-C-Q-A 절차를 응용한 '문제짜기' 틀이다. 전개 방식은 비슷하고, S-C-Q-A 4단계 구조도 유지했다.

1. 상황(Situation)	발생한 사건을 사실(Fact) 중심으로 요약 정리한다.
2. 이슈(Issues)	'긴장감 Complication'을 한 차원 높인다는 개념으로 이슈이다.
3. 질문(Question)	이슈를 질문으로 만든다.
4. 응답(Answer)	문제정의문

이렇게 탄생한 'S-Is-Q-A'를 문제해결 연구회는 '이 사건(case)을 해결하라!'라는 은유(metaphor)적 표현으로 쓴다.

상황(Situation) 은 사건(case 또는 event)이 발생한 상태를 말한다. 예를 들면, '코닥이 파산 보호 신청을 했다'라는 것은 사건이 발생한 사실(fact)을 말한 것이다. 요컨대 상황이 발생했고, 이 상황은 '사실을 간추리는 일'로 '개요'라는 말로 쓴다.

'개요'는 '간추린다' 또는 '골자를 알린다'쯤으로 쓰는 말이다. '사실을 간추린다', '사건의 윤곽을 가늠케하는 사실을 제시한다'라는 뜻이다. 여기서 중요한 점은 사건이란 사실과 사실 간 관계가 얽혀 일어난 결과라는 점이다. 하지만 개요를 쓸 때는 사실들 간 관계를 끊고 개별적인 사실만을 써야 한다. 이는 분석의 기초다.

이슈(Issues) 는 상황에서 제시한 사실을 토대로 '생각할 만한 거리' 또는 '문제 될 거리'를 찾는 것이다. '코닥이 파산 보호 신청을 한 사실에서 생각할 만한 이슈(거리)는 무엇인가?'라는 질문을 만들면 쉽게 익힐 수 있다. 하지만 '왜, 파산 보호 신청을 했지?'라는 질문은 원인을 파악하는 질문에 가깝다. 문제 정의를 하지 않은 채 원인을 묻는 것은 좀 이르다.

이슈 단계는 한 마디로 문제 정의의 예비 후보를 목록화 한다고 보면 쉽다. 이 때문에 이슈는 하나 이상이다. 예를 들어 '개요' 부분에서 제시한 사실이 하나라고 해도 그 사실 하나를 바라보는 시각은 실로 다양하기 때문이다.

여기서 한 가지 짚을 점이 있다. 코닥이 신청한 '파산'은 미국 연방 파산법 11장(Chapter 11), 기업 회생 절차에 가깝다. 이 점을 모른 체 '디지털 기술 상용화 기회를 걷어 차 버리더니 결국 망한 것'이라는 논평보다는 디지털 기술 상용화 기회를 거부한 결과 기업 회생 절차를 밟는 코닥의 경영 능력은 한 번 생각해 볼 만한 점이다'라고 이슈 제기하는 편이 더 낫다.

질문(Question) 은 선정한 이슈를 받아 '그래서 이것을 어떻게 해결할까?'라는 질문을 만드는 것이다. 또는 '해결해야 할 문제는 무엇인가?'를 묻는 것이다. 요컨대 '코닥의 경영 능력 무엇이 문제인가?'라는 질문은 좋다.

응답(Answer) 단계는 질문에 답하는 것이다. '코닥은 자기 경영능력을 과도하게 확신(overconfidence)한 것이 문제다'라고 쓴다. 주의 깊게 볼 점은 문장 말미이다. '~ 문제다'라는 형식을 따라야 혼란이 없다. 그 까닭은 이 단계 '답변'은 곧 '문제정의문'이기 때문이다.

이스트만 코닥 전략경영 사례를 문제해결로 연결짓는 'S-Is-Q-A' 프레임은 사실 문제해결 프로세스 첫 번째 단계인 '문제정의' 활동을 상징하는 도구이다.

해결에 집중하라

1. 상황(Situation)	코닥이 2012년 9월 파산 보호 신청을 냈다.
2. 이슈(Issues)	디지털 기술 상용화 기회를 거부한 결과 기업 회생 절차를 밟는 코닥의 경영 능력은 한 번 생각해 볼 만한 이슈이다.
3. 질문(Question)	코닥의 경영 능력, 무엇이 문제인가?
4. 응답(Answer)	'코닥은 자신의 경영능력을 과도하게 확신(overconfidence)한 것이 문제다'

전략경영과 문제해결 **이 사건을 해결하라! S-Is-Q-A 익히기 ②**

2013년 9월 코닥은 파산에서 벗어났다. 카메라 사업부와 필름 사업부를 매각한 결과다. 기업 회생 절차를 밟기 시작한 날로부터 2년 못미쳐 회생한 점이 흥미롭다. 이유는 간단했다. 코닥은 '디지털 이미지 기술'에 관련한 대다수 특허를 보유하고 있었기 때문이다. 이 점을 코닥은 기업 회생 지렛대로 삼았다. 예상은 적중했다. 하지만 과거 영광을 다시 누릴 수는 없었다. 코닥이 심장이라고 자부한 영화 필름부문도 매각한다는 입장이다.

'디지털 이미지 기술 특허'로 기사회생 한 코닥과는 다른 행보를 하는 기업이 있다. 1934년 창립한 이후 반세기 동안 전 세계 필름 시장을 코닥과 양분한 후지필름(현 후지필름 홀딩스)이다. '디지털카메라' 상용화 기회를 놓친 코닥이 날개도 안 보일 정도로 추락하던 때, 후지필름 매출도 비슷한 양상이었다. 한때 후지필름 총매출 60%는 필름 사업이었다.

하지만 2001년 필름 사업 부문 총매출은 20%대로 떨어졌고, 위기감은 높아졌다. 후지필름은 고모리 시게타카를 최고경영자로 선정했다. 고모리 최고경영자는 이듬해 '비전 75 프로젝트'를 발표한다. 5년 이내 후지필름을 완전히 다른 회사로 만들겠다는 비전이었다.

전략경영사에 있어 후지필름의 이 혁신 프로젝트는 코닥 사례를 소환할 때마다 늘 비교하는 대상이다. 두 기업 사례를 한 줄로 요약하면 '기술을 선점하고도 과도한 확신에 사로잡혀 몰락한 코닥'과 '위기의 순간 사업 구조 혁신에 성공한 후지필름'이다. 두 기업 흥망성쇠를 관통하는 큰 흐름은 '디지털'이라는 새롭고 센 놈이었다.

이처럼 극명한 두 기업 이야기는 전략경영 사례로는 최고다. 그로부터 얻을 수 있는 시사점은 '변화관리', '의사결정', '비전', '혁신' 등 매력적인 키워드가 차고도 넘친다. 하지만 이런 담론으로는 실제적인 전략경영 능력을 높이는 데에는 한계가 있다. 앞서 말한 바 있는 사례는 분명 문제해결 능력과 연결되어야 한다. 문제해결 연구회가 전략경영 사례를 문제해결과 연결 지으려는 것은 담론으로는 문제해결 능력을 높일 수 없기 때문이다.

코닥과 후지필름 사례를 문제해결 능력으로까지 연결하기 위한 첫 번째 조건으로 '파산 신청'과 '비전 75'는 충분한 예시다. 두 번째 조건은 사건과 관련 있는 전략은 무엇인가라는 점이다. 전략 사례 방법론을 제시한 힐(CHARLES W. L. HILL 워싱턴 대학교) 교수는 '기업 연혁·SWOT 분석·기업 전략·경쟁전략' 순으로 따져 봐야 한다고 했다. 옳은 지적이다. 하지만 그 견고한 절차는 기업 분석 전문가 흔히 애널리스트(Analyst)로 불리는 투자 분석가 몫이다.

문제해결 연구회는 현장에서 곧바로 쓸 수 있는 것으로 간소화 할 필요가 있다고 판단, 앞 서 소개한 S-Is-Q-A 프레임을 만든 것이다. 전략경영 사례를 문제해결로 연결 짓기 위해서 가장 먼저 할 일은 '사건 개요(Situation · 상황)'를 쓰는 일 부터다. 개요는 다음 세 가지를 참고하여 쓴다.

 기업을 이해하기 위한 연혁과 핵심 역량, 주력 사업 부문이 먼저, 그 다음으로 사례로 삼을 사건 발생 시점과 종료 시점을 정한다.

 사건 발생 시점과 종료 시점 동안 있었던 사실을 나열한 후 분석·해석할 프레임을 정한다. 코닥과 후지필름 사례를 관통하는 큰 흐름은 '디지털 기술'이다. 기술 발전에 따른 성장과 쇠퇴를 가늠하는 'S자 기술 커브 곡선'이 두 사례를 설명하는 데 적격이다.

 산업 수명 주기 곡선도 쓴다. 한 기업의 성장기·성숙기·쇠퇴기를 따져 경쟁 방식을 가늠할 때 쓰는 분석 도구다. 총매출 또는 영업이익 추이와 연계하여 분석할 범위를 정한다.

〈그림 1-9〉는 개요 쓰기 방식 중 'S자 기술커브 곡선'을 응용한 작성 예시다. 그 다음은 '이슈(Issues) - 질문(Questuion) - 응답(Answer)' 절차를 따르면 자연스럽게 문제해결 절차에 안착한다. 어떤 전략경영 사례라 할지라도 개요 작성만 하면, 문제정의는 쉽다. 요약하면, 전략경영 사례는 그 자체로 특정한 시사점이 있다. 하지만 기업이 전략경영 사례를 통해 무엇인가 해결하고 싶은 것이 있다면, 꼭 문제해결 절차와 연결

시켜야 한다. 전략과 연계한 문제해결은 지식과 기술을 익히는 것뿐만 아니라 안목과 지평, 사고방식을 확장하기 때문이다.

그림 1-9 S자 커브 곡선, 코닥 vs. 후지필름

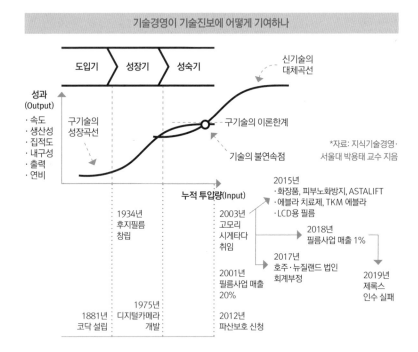

전 략 경 영 사 례 로 익 히 는 문 제 해 결

문제해결 프로세스 ———————————— ⚲

문제해결 절차는 '문제정의 - 원인분석 - 대안탐색-해결(안)선정 - 액션플랜 작성'으로 5단계이다. 이는 문제해결 연구회가 쓰는 방식일 뿐이다. 문제해결 프로세스는 사용자 의도에 따라 다양하게 바꿔 쓸 수 있다. 가장 잘 알려진 것이 '맥킨지 식'이다. '문제 정의(Define Problem)'를 시작으로 '문제 세분화(Structure Problem) - 우선순위 결정(Prioritize Issues) - 조사 계획 수립(Plan analyses and work) - 분석 (Conduct Analyses) - 결과 종합(Synthesize Findings) - 해결(안) 개발 (Develop Recommendations)'까지 총 7단계를 쓴다. 4단계로 축소해 쓰는 경우도 있다. '문제 정의 - 대안 탐색 - 평가 - 해결(안) 선정'이 그 것이다. 창의적 문제해결 방식이 이 4단계 절차를 따르곤 한다.

　맥킨지 식과 창의적 문제해결 방식은 문제해결 연구회가 쓰는 절차와 분명 다르다. 하지만 자세히 들여다 보면 맥락이 비슷한 점을 발견할 수 있다. 요컨대 맥킨지식 문제해결은 '문제 세분화 - 우선 순위 결정 - 조사 계획 수립'을 3단계로 나눴지만, 문제해결 연구회 절차는 이를 '문제 정의 활동'으로 간주했고, 창의적 문제해결 프로세스는 문제해결 연구회 절차와는 다르게 원인 분석 활동 없이 곧바로 문제 정의 후 대안 탐색 활동 절차를 밟는 점이 다를 뿐이다. 바로 이 점을 들어 맥킨지 식 문제해결과 문제해결 연구회 절차를 '논리적 문제해결'로 부르곤 한다. 또 다른 해석은 원인 분석 활동을 두는 연구회 문제해결 절차는 '개선 활동'에, 창의적 문제해결은 '혁신 활동'에 적합하다고 볼 수 있다.

맥킨지 식과 창의적 문제해결 프로세스에는 포함 되어 있지 않는 절차는 '액션플랜 작성'이다. 이 절차 역시 '실행관리' 또는 '변화관리', '사후 관리' 등으로 쓰곤 하는데, 문제해결 연구회는 '액션 플랜 작성'에 의미를 뒀다. 다만 기업이 겪고 있는 불편한 점을 없애는 관리 활동으로 특히 '연구개발', '생산', '전략경영' 부문에서 문제해결을 다룰 때에는 꼭 필요한 절차이다. 문제해결 보고서 형식은 천차만별이지만 문제해결 연구회는 '1페이지 보고서' 사안에 따라서는 '이그젝티브 서머리 (Executive Summary) 형식'을 취하곤 한다.

그림 2-1   이그젝티브 서머리 작성 요소

Executive Summary

1. 개요	– 제품 및 서비스에 대한 설명 – 경쟁사 대비 우위성
2. 시장성	– 시장규모 및 성장성(5개년 간) – 제품 / 시장별 / 지역별 세분화
3. 마케팅	– 목표 고객과 목표시장, 특성 – 제품 / 서비스별 / 지역별 / On-Offline 영업 판촉 전략 – 경쟁업체와의 차별성과 경쟁우위
4. 수익성	– 제품 / 서비스별 매출 계획 / 시장점유율(5개년) – 추정 재무제표(5개년), 손익분기점, 성장성 / 수익성 / 안정성 등

그렇다면, 문제해결 5단계 배경과 원리는 무엇이고, 어떻게 익히는 것이 가장 좋을까? 이 질문에 답변으로 먼저 절차를 익히는 방법부터 소개하려고 한다. 문제해결 5단계 절차를 익히는 효과적인 방법은 빈칸을 완성하는 방식이다. 〈그림 2-2〉은 실제 문제해결 워크숍에서 쓰는 양식이다. 양식 구성은 '보기', '프로세스', '활동 내용' 세 부문으로 나눴다.

첫 번째, '보기' 항목에는 16개 요소가 있고, 이 요소는 모두 문제해결 절차를 익히기 위해 쓰는 것들이다. 16개 항목은 '개념', '사고력', '도구' 세 종류로 분류할 수 있다. 이를 로직트리로 정리하면 〈그림 2-3〉과 같다. 즉, 문제해결은 사건을 개념 짓고, 이를 구조화(사고력)한 후 적합한

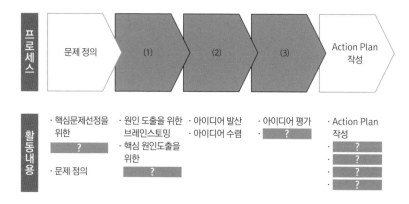

그림 2-2 문제해결 프로세스 완성하기

보기
가설지향적 사고, 인적자원, 원인분석, 의사결정, 대안탐색, 5-WHY,
Fact Base 사고, Logic Tree, MECE, 물적자원, 스케줄, 문제 정의, 결과이미지,
해결(안) 선정, Fish bone Diagram, 이슈 분석

프로세스
문제 정의 → (1) → (2) → (3) → Action Plan 작성

활동내용
· 핵심문제선정을 위한 ? · 문제 정의 | · 원인 도출을 위한 브레인스토밍 · 핵심 원인도출을 위한 ? | · 아이디어 발산 · 아이디어 수렴 | · 아이디어 평가 · ? | · Action Plan 작성 · ? · ? · ? · ?

그림 2-3　문제해결 프로세스 로직트리 정리

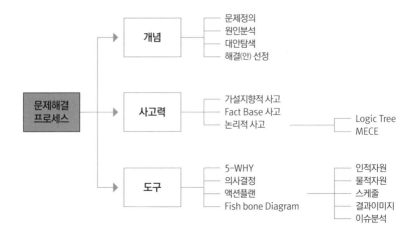

수단(도구)를 선택해 쓸 줄 아는 능력으로도 말할 수 있다.

　두 번째, '프로세스'는 문제해결 5단계 각 항목을 구조화 한 것이다. '문제정의'와 '액션 플랜 작성' 부분을 제외한 2, 3, 4단계에 빈칸을 만들었다. 이 공란을 채우는 방법은 제시한 '보기'에서 '개념'을 찾아 완성하는 것이다. 실제 워크숍에서 4단계 '해결(안) 선정' 부분을 대부분 '의사결정'으로 쓰는 경우가 많다. 요컨대 '의사결정'을 개념으로 인식하기 때문이다. 의사결정은 행동 지표이기 때문에 문제 해결 활동에 속하고, 의사결정 도구라는 분류표도 있다. 반면에 '해결(안) 선정'은 특정 행동을 개념화 한 용어이다. 이를테면 '의사결정 도구를 활용하는 행동'을 일컬어 '해결(안) 선정'으로 개념 지은 것이다.

　세 번째, 활동 항목은 문제해결 다섯 개념을 행동으로 익히는 실제적인 능력이다. 이를테면 머서 컨설팅 사가 정의한 문제해결 역량 평가를 살펴 보면 활동 항목을 좀 더 분명하게 이해할 수 있다.

객관적 자료를 토대로 문제의 원인과 결과를 논리적으로 파악한다.	→ 가설지향적 사고, 사실중심 사고
다양하게 발생하는 문제를 우선 순위에 따라 유연하게 대처한다.	→ 사실 중심 사고
문제의 핵심을 빠르게 파악하고 신속하게 대응한다.	→ 5WHY
문제해결을 위한 다양한 대안들을 만들고 그 현실성을 검토할 수 있다.	→ 아이디어 평가, 의사결정
최적의 문제해결 방안이 무엇인지 신속, 정확하게 판단한다.	→ 의사결정
다양한 대안을 충분하게 고려한 뒤, 최적의 결정을 내린다.	→ 아이디어 발산, 수렴, 평가, 의사결정
부족한 자원과 승인하에서도 문제해결에 최선을 다한다.	→ 인적자원, 물적자원, 일정, 결과이미지

〈머서 컨설팅 역량 평가 활동 항목, 2005년 本〉

활동 항목 역시 '보기'에서 알맞은 답을 찾아 공란을 완성하는 방식이다. 하지만 보기에서 제시한 요소는 18개, 공란은 10개이다. 남은 8개 요소는 어떤 기능을 갖고 있을까? 예를 들어 MECE((Mutually Exclusive Collectively Exhaustive: 중복 또는 누락된 것이 없는 또는 부분의 합이 전체를

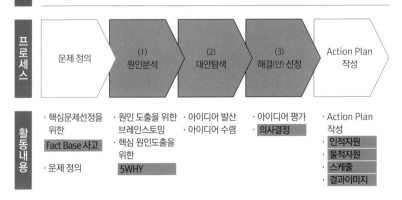

그림 2-5 문제해결 프로세스

| 보기 | 가설지향적 사고, 인적자원, 원인분석, 의사결정, 대안탐색, 5WHY, Fact Base 사고, Logic Tree, MECE, 물적자원, 스케줄, 문제 정의, 결과이미지, 해결(안) 선정, Fish bone Diagram, 이슈 분석 |

프로세스

문제 정의 → (1) 원인분석 → (2) 대안탐색 → (3) 해결(안) 선정 → Action Plan 작성

활동내용
· 핵심문제선정을 위한 **Fact Base 사고**
· 문제 정의

· 원인 도출을 위한 브레인스토밍
· 핵심 원인도출을 위한 **5WHY**

· 아이디어 발산
· 아이디어 수렴

· 아이디어 평가
· **의사결정**

· Action Plan 작성
· **인적자원**
· **물적자원**
· **스케줄**
· **결과이미지**

이룬다는 뜻)는 공란 어느 곳에도 들어가지 않는다. 그럼에도 불구하고, 실제 워크숍에서 MECE는 10개 공란 어느 곳에 들어가도 말이 된다. 정답이 아닐 뿐이다. 그 까닭은 뭘까?

문제해결 절차 5단계는 독립된 활동인 것은 사실이지만, 그 결과물은 다음 단계에 영향을 끼치기 때문에 반드시 인과관계여야 한다. 이를 단순하게 말하면 '논리적이여야 한다'라고 말하고, '논리적인지 아닌지를 따지는 기준이 바로 'MECE'이다. 앞 서 '맥킨지 식'과 '문제해결 연구회'가 쓰는 문제해결 절차를 논리적 문제해결로 부르는 까닭은 바로 'MECE'를 원리를 적용하고 있기 때문이다. 즉, 'MECE는 논리'를 달리 표현한 말이라고 해도 과언은 아니다.

해결에 집중하라

문제해결은 MECE 원리를 따르기 때문에 절차와 활동 항목 모두는 인과관계이다. 이를 따져야 하는 일이 고달픈 것은 사실이다. 이를 좀 더 수월하게 익히는 방법을 찾던 중 '쾰러(Wolfgang Köhler · 1887~1967)의 침팬지 실험'에서 실마리를 얻었다.

문제해결과 쾰러의 침팬지 실험 ⎯⎯⎯⎯⎯⎯⎯⎯⎯⎯⎯ 🔍

그림 2-6 쾰러의 침팬지 실험

천장에 매달린 바나나 1개, 바닥에는 상자 여남은 개와 침팬지 한 마리가 있다(**1**). 이리 뛰고 저리 뛰어도 침팬지는 바나나를 잡을 수 없다. 한 동안 움직이지 않던 침팬지는 여기저기 둘러본 후 바나나 아래 상자를 놓기 시작한다(**2**). 그 위에 다른 상자 하나를 쌓고, 또 상자를 쌓는 침팬지(**3**). 마침내 쌓은 상자 위에 서서는 바나나를 잡는 데 성공한다(**4**).

퀼러는 이 '침팬지 실험'을 통해 '통찰(insight)'의 중요성을 강조했다. 요컨대 **1**에서 **2**로 이어지는 행동은 통찰 결과라는 것이다. 바나나를 따는 데 실패한 침팬지는 주변을 둘러본다. '바나나'와 '상자', '침팬지 자신'이 있음을 깨닫고는 이 셋의 관련성을 파악한 후 마침내 '상자 - 자신의 팔 - 바나나'라는 인과관계를 만든다. 퀼러는 이를 두고 '학습은 통찰로 인한 인지구조의 변화'라고 주장했다.

문제해결 절차를 익히는 방법으로 제시한 '공란'을 완성하는 워크숍은 침팬지 실험을 통해 얻은 '통찰 학습' 맥락이다. 문제해결 프로세스를 완성하는 양식은 퀼러 실험물 중 '바나나' 역할이다. '보기'는 상자 기능이다. 퀼러 실험 중 **1**과 같은 조건이다. **2**와 유사한 워크숍 활동은 보기에 나열한 여러 요소를 하나 씩 공란에 넣어 보면서 말이 되는지를 서로 묻고 토론하는 것이다. 이 과정에서 '통찰'이 이루어지고, 그 결과물이 공란을 채운 '문제해결 프로세스'이다. 이 방식은 실제로 상당히 유용하다. 시간 제한을 두면 이 학습을 게임으로 여겨 불꽃 튀기는 경쟁을 연출 한다. 타 팀 내용을 넌지시 보고 수정도 한다. 수정한 내용이 정답이면 환호성을 오답이면 탄성을 지르며, 수정을 하자고 주장한 이를 짖궂게 타박도 한다. 재밌다는 증거다.

이 과정에는 중대한 반론이 존재한다. 요컨대 '상자를 옮기는 것을 이미 배운 침팬지', '상자 쌓는 것을 배웠던 침팬지'만이 통찰 능력이 있다는 점이다. 게다가 이 둘을 모두 배웠다고 해도 이를 통합하지 못한 침팬지도 있었고, 아예 배우지 못한 침팬지는 '통찰'이 불가능하다는 연구 결과도 있기 때문이다. 이 점은 아동을 대상으로 한 연구에서도 비슷한 결과였다고 하니 공란을 완성하는 문제해결 프로세스 워크숍 효과를 마냥 긍정할 일은 아니다.

실제로 이 워크숍은 호기심을 자극한 점, 문제해결 수준을 스스로 판단할 수 있는 점 모두는 긍정적인 면이다. 하지만 문제해결 프로세스를 정확하게 완성하는 팀은 극히 드물었다. 전체 10개 공란 중 평균 4개 또는 5개 내외로 틀린다. 여러 가지 이유가 있지만, 가장 큰 원인은 '보기'에서 제시한 항목 뜻과 쓰임을 정확하게 모르기 때문이다. 이는 '상자 쌓는 법을 배우지 못한 침팬지는 '통찰'할 수 없다'라는 연구결과를 간접 증명한 셈이다.

이 워크숍 결과가 중요한 까닭은 '상자 쌓는 법' 즉, 문제해결 절차에서 쓰는 용어 개념과 쓰임을 바르게 익히지 않으면 문제해결 워크숍 후 학습 전이가 요원하다는 점이다. 요컨대 '용어의 개념', '필요한 사고력', '도구 쓰임'을 정확하게 알고 있어야 '통찰'도 할 수 있다는 것이다. 쾰러는 이를 '통찰'이라고 했다면, 문제해결은 이를 '논리'라고 부른다. 문제

해결에서 '통찰이 좀 더 필요하다'라는 말은 '논리(logic)가 부족하다'라는 말과 같은 셈이다. 머서 컨설팅 사가 제시한 문제해결 역량 행동 지표 중 '눈앞에 보이는 문제를 넘어서 앞을 내다보며 생각하고 해결책을 만드는 능력'은 한 마디로 통찰 능력을 요구하는 것이고, 이는 다시 말해 '논리력'을 말하는 것이다.

문제해결은 흐름이 좋아야 한다

스위스 출신 아동심리학자이고 교육학자인 삐아제(Jean Piaget, 1896-1980)는 '논리적 추론 규칙에 따라 일상생활을 통합하고 이해하는 능력(The Ability to understand and to incorporate the rules of basic logical inference in everyday activities)'을 '논리(logic)'라고 정의했다. 여기서 핵심어는 '추론(推論)'이다. 추론은 '어떤 판단을 근거로 다른 판단을 이끌어 내는 것'을 말한다. 철학에서는 '참된 인식을 얻기 위한 사고(思考) 과정'으로, 문제해결 연구회는 '이치(理治)에 맞는 잘 정리한 생각' 쯤으로 정리해 쓰고 있다.

하지만 '논리'는 문제해결을 익히는 과정 중 가장 큰 심적 부담 요소다. 사실 보통 일은 '논리' 보다는 '감각'이 뛰어난 이가 일처리를 잘한다. '일'은 사람을 상대하고 시스템을 다루는 능력에 따라 결과는 천차만별이기 때문이다. 감각은 두 요소가 한 쪽으로 쏠리지 않게 하는 균형

감과 평정심을 말한다. 반면에 문제해결은 사람과 시스템이 복잡한 교집합 형태로 발생한다. 감각을 앞세워 문제 해결도 하지만, 미봉책인 경우가 있다.

'논리'는 이런 복잡한 관계를 단순화하는 힘을 갖고 있다. 앞서 '이치에 맞는 잘 정리한 생각'을 논리라고 정리했다. '잘 정리한 생각'의 다른 말은 '단순화'이다. 이를 구조화 한 것이 바로 '로직트리(Logic Tree)'다. 문제해결 절차에서 로직트리는 항시 쓴다. 수집한 정보를 분류할 때, 사실을 토대로 낸 의견을 정리할 때도 쓴다. 여기에 빠질 수 없는 것이 MECE다. 요컨대 MECE는 복잡한 내용을 단순하게 잘 처리했는지를 검토하는 기준이고 원리이면서 도구이다. 하지만 이 개념 역시 입에 착착 감기지 않다 보니 이해하는 데 어렵다고들 한다.

오랜 고민 끝에 MECE를 쉽게 이해하는 말로 찾은 것이 '흐름'이다. 로직트리 정리는 한 눈에 전체 내용을 손쉽게 파악한다. 이는 복잡한 내용을 단순화 잘 한 것이다. 이 말 뜻은 전체를 이루는 각각의 요소는 서로 중복하지 않고, 충돌하지 않는다는 말이다. 흐름이 좋은 도로 위 자동차 행렬은 복잡하게 얽혀 있어 보이지만 서로 제자리를 잘 지키고 있는 탓에 부딪히지 않고 시원시원하게 잘 빠져 나간다. MECE는 바로 이 좋은 흐름을 유지하고 있는 상태를 말한다.

하지만 도로 위에서 좋은 흐름이 꺾이거나 단절하면 '짜증', '불안', '분노'가 치민다. 서로에게 이런 감정은 화를 불러 오듯이 동료와 후배 또는 팀원에게 이런 감정을 쏟는 것은 누구든 불신을 자초하는 일이다.

'논리가 없다', '궁색하다', '비약이 심하다'라는 말이 좋지 않은 흐름을 예고하는 신호다. 특히 상사가 이 말을 꺼내 지적하는 모양새로 또는 토론할 때 동료를 타박 하듯 쓴다면 기분이 상하는 것은 인지상정이다. 이런 일은 주로 상대에게 책임을 전가하거나 의지를 무력화 시킴으로써 자신이 유리한 지위를 유지하려 할 때 나타나는 현상이다. 이는 문제해결을 더 고단하게 하는 큰 스트레스다.

반면에 논리를 잘 쓰는 사람, 이를테면 단순화하는 힘은 병목현상도 좋은 흐름으로 만들 수 있다. 일처리가 깔끔하고 매끄럽고 삼삼하다라는 인상을 남긴다. 이런 사람을 두고 '논리가 튼튼하다'라고 말한다. 논리가 탄탄한 사람은 문제의식이 상대와 자신은 다르다라는 점을 잘 알고 있다. 입장이 다르다라는 점을 알기 때문에 '협업'하는 방법을 꿰고 있는 사람이다. 간혹 주장이 강한 사람을 두고 '논리가 너무 쎄다' 또는 '논리만 따진다'라고들 한다. 이 말은 문제해결 속도는 빠를 순 있어도 실패할 확률이 높다라는 뜻이다. 그 까닭은 공감을 얻진 못하기 때문이다. 행여 성공했다 해도 동료는 주장이 강한 이에게 냉담하다.

문제해결 활동 시 자주 쓰는 예화 중 '고래 뱃속에서 살아 돌아오는 방법은 무엇?'이라고 묻는 질문이 있다. 한 잠수부가 고래와 사투 끝에 안타깝게도 고래 뱃속으로 들어갔다. 자신이 죽은 줄 알았던 이 사람은 고래 뱃속에서 깨어났다. '이 상황을 어떻게 해결할 것인가?'가 핵심 질문이다. '고래와 싸웠으니 창을 가지고 있었을 테고, 창으로 고래 뱃가죽을 갈라 나온다'라는 것이 일반적인 답변이다. 하지만 이 질문은 '방법'을 묻고 있지만, 실은 '고래 뱃속'이라는 상황을 이해하는 수준을 묻는 것이다. 요컨대 문제의식 방향을 가늠하는 토대라고 할 수 있는 '입장 차'를 파악하는 질문이다. 다음 A·B·C·D 네 개 입장 차를 나타낸다.

그림 2-7 고래 뱃속 잠수부

출처: 구글 검색

A	고래 뱃속이나 바깥세상이나 사는 것은 매한가지다. 고래 뱃속에서 최대한 살아 보기로 한다.
B	죽은 줄로만 알았지만 고래 뱃속에서 살아난 것은 기적이다. 어떻게든 이곳을 탈출하기로 한다.
C	고래 뱃속에서 더는 살아날 가능성은 없다. 죽을 때 죽더라도 가족에게 유서는 남겨야겠다.
D	나와 같은 사정으로 이 고래 뱃속으로 들어오는 사람이 있을 것이다. 그때를 기다려야겠다.

이 네 개 입장 중 한 가지를 선택하라고 하면 특정 한 개 입장에 쏠리지 않는다. 대다수 B 입장을 취하지만, A와 C·D 입장도 골고루 선택한다. 이는 문제인식 수준이 다르다는 점을 의미한다. 이를 두고 '긍정적 또는 부정적'이라는 생각 방향과 '적극적 또는 소극적'이라는 태도를 중요하게 여기는 것이 꼭 좋은 것 만은 아니다. 문제 인식은 사건을 대하는 입장 차가 존재한다는 사실을 아는 것이 중요하다. 사건이 복잡한 양상을 띨수록 다양한 입장 차이는 문제를 입체적으로 보는 눈이 된다. 여기에 단순화하는 힘을 보태면 문제 정의에 이르는 논리 수준이 탄탄해진다.

논리는 사실을 재구성하는 힘이다

산행 중 조난을 당했을 때는 '스톱·STOP'을 떠 올리라고 전문가는 조언한다. 가던 길을 멈추는(stop) 것이 가장 먼저 할 일이고, 이 상황을 해결하겠다는 생각(think)에만 집중하는 것이 두 번째 일이다. 세 번째는 주변 지형지물을 주의 깊게 관찰(observe) 하고, 이를 토대로 계획(plan)을 세워야 무사히 구조될 수 있다는 것이다.

이 네 가지 중 첫 번째 'STOP' 행동은 가장 중요하다. 요컨대 당황하지 말라는 뜻이다. 그 다음 뜻풀이 순서를 따르는 데, 문제해결 입장으로 두 가지를 설명할 수 있다. 하나는 '추론'하는 것이고, 다른 하나는 '판단'하는 것이다. '추론' 관점은 '생각 후 관찰'하는 것이고, '판단'은

'관찰 후 생각'하는 것이다. '생각 후 관찰'은 가설 사고에 가깝고, '관찰 후 생각'은 사실 중심 사고에 가깝다. 가설 사고는 가설을 세우는 것이다. 예컨대,

가설　내가 조난 당한 것이라면, 1시간을 걸어 도착한 곳이 처음 출발한 곳이어야 한다.

이 가설 입증은 '사실(fact)'로 검증한다. '관찰 후 행동'은 사실을 수집하는 것이 핵심이다. 사실 수집 방법은 출발한 곳 주변 나무에 표식을 한 후 한 방향으로 1시간 길을 걸어 도착한 곳에 출발할 때 남긴 표식을 발견하면 이 가설은 참이다. 결론은 조난 당한 것이다.

사실 중심 사고는 이렇다.

사실　1시간을 걸었다. 도착한 곳이 다시 출발한 지점이다. 이 상황이 몇 번 반복되고 있다. 결론은 나는 조난 당했다.

가설 사고와 사실 중심 사고를 이처럼 예시를 들어 설명하는 까닭은 문제해결은 이 두 사고를 모두 쓰기 때문이다. 앞서 소개한 '추론'은 이 두 사고를 기반으로 전개하는 논리 체계다. 가설 사고는 '연역 추론', 사실 중심의 사고는 '귀납 추론'이다.

연역 추론과 귀납 추론을 쉽게 익히는 사례 중 하나를 소개하면, '20세기 최고 대결'로 불리는 '아문센과 스콧'이 펼친 '남극점(the South Pole) 탐험'이다. 결론부터 말하면 아문센과 스콧 모두는 성공했다. 하지만 아문센은 대원들과 모두 생환했고, 스콧은 안타깝게도 죽었다. 이 두 사람이 남긴 성공과 실패는 전략 또는 리더십 사례로 곧 잘 쓰곤 한다. 문제해결 입장에서는 이 두 사람 사고방식이 생사(生死)를 갈랐다고 본다.

아문센은 '남극 현지 사정'을 전제로 탐험 준비를 했다. 반면에 스콧은 아문센에겐 없는 탐험 장비를 갖고 있었다. 아문센 보다 자신이 우월하다고 판단했다. 아문센은 남극에 관한 모든 사실을 수집했다. 그 사실이라는 것이 이동 수단은 개 썰매라는 점, 페미컨(고기를 말려 과일과 지방을 섞어 단단하게 굳힌 빵)은 식사용이라는 점, 현지인은 순록 가죽으로 옷을 해 입는 점을 눈여겨 본 것이다. 이렇게 수집한 사실을 토대로 아문센이 내린 결론은 '조난 당하지 않고 살아 돌아오려면 현지인처럼 행동해야 한다'라는 것이었다.

스콧은 그 반대였다. 남극 추위쯤은 모직 코트로 충분히 막을 수 있다고 판단했다. 모터 썰매는 개 썰매를 압도할 것으로 자신했고, 식량은 조랑말이 나르면 된다고 판단했다. 개 썰매 우승자와 스키 챔피언을 대원으로 뽑은 아문센을 구닥다리로 몰아 붙인 스콧은 아문센 조언까지 무시했다. 반면에 스콧은 기상학자를 비롯한 숱한 과학자를 탐험 대원으로 선발했다. 스콧은 자신이 아문센 보다 먼저 남극점에 도착할 것을 자신했다. 하지만 아문센 보다 40여 일 늦게 도착했다. 게다가 스콧은 15kg 광석을 싣고 돌아오는 도중 빙하가 깨져 익사했다.

아문센은 철저하게 '사실 중심 사고'로 탐험을 준비했고, 이는 적중했다. 스콧은 승부욕이 앞선 나머지 가설을 세운 후 검증을 소홀히 했다. 스콧이 아문센 충고를 받아 들이고 가설 일부를 수정했다면, 이 승부는 어떻게 달라졌을까? 문제해결 번외편으로 흥미로운 이야기다. 이 사례에서 짚을 점은 '사실 중심 사고'가 '가설 사고' 보다 낫다는 점을 내세우려는 것이 아니다. 두 사고를 관통하는 공통점인 '사실(fact)'은 문제해결을 알맞게 하는 데 있어 중요한 점이라는 것이다. 다만 '사실'을 잘못 쓸 경우에는 그것은 곧 대형사고라는 것이 시사점이다.

가설 사고와 사실 중심 사고, 러디어드 키플링의 시 'IF' ⚲

'만약에 꿈을 꾸면서도 / 그 꿈의 노예가 되지 않을 수 있다면, 만약 생각하면서도 / 생각이 너의 목적이 되지 않도록 할 수 있다면,'이라는 질문을 받는다면, 잠시 머뭇거림은 있겠지만 다양한 답변을 쏟아낼 것이다. 이는 질문이 '가설(假說·Hypothesis)' 형식이기 때문이다.

이 문장은 영국 시인 '러디어드 키플링(Joseph Rudyard Kipling, 1865-1936)'이 1910년에 쓴 시 'If'의 9행과 10행이다. 총 32행인 이 시는 키플링이 12살 된 아들에게 남긴 시이고, 윔블던 테니스 센터 선수 입장문에 적혀 있을 만큼 영국인이 애송하는 시 중 하나다. 우리 시 '진달래 꽃'과 같은 위상이다. 이 시는 '이 세상과 그 속 모든 것은 너의 것이며, / 무엇보다 너는 진정한 인간이 되어 있을 것이다. 나의 아들아!'로 끝을 맺는다.

　문제해결 관점에서 이 시를 낭송해 보면 세 가지 사고를 기반으로 썼음을 알 수 있다. 첫째, 가설 사고는 이 시 골격인 질문 형식을 이룬다. 1행부터 30행까지가 여기에 해당한다. 마지막 두 행은 서른번 째 가설에 대한 답변이다. 요컨대 삶의 고비고비를 아스라이 넘은 아버지 키플링은 자기 경험이 아들에게 지혜와 용기가 되었으면 하는 바람을 담았다. 애틋한 유산인 셈이다. 즉, 아들에게 남긴 유산은 키플링 자신이 겪은 경험을 '사실 중심 사고'를 토대로 한 결과물이다.

가설사고　만약에 꿈을 꾸면서도 / 그 꿈의 노예가 되지 않을 수 있다면, 만약 생각하면서도 / 생각이 너의 목적이 되지 않도록 할 수 있다면,

사실 중심 사고　이 세상과 그 속의 모든 것은 너의 것이며, / 무엇보다 너는 진정한 인간이 되어 있을 것이다. 나의 아들아!

　남은 하나는 '제로베이스 사고(zero-base thinking)'다. 이 시 전체 중 제로베이스 사고를 떠 올리게 하는 대목은 '만약에 그동안에 얻고 번 모든 것을'이라고 시작하는 17행부터, '단 한 번 내기에 걸었다가 / 모든

것을 잃고 다시 시작하면서도 / 잃은 것에 대해 일언반구하지 않을 수 있다면.'이라고 쓴 20행까지다. '불행은 빨리 잊는 것이 낫다'라는 의미보다는 '좁은 사고에서 벗어나 시각을 달리하면 더 큰 깨달음을 얻을 수 있다'라는 풀이가 더 어울리는 것은 '사사로운 고정관념을 탈피하라!'라는 제로베이스 사고와 그 결이 같기 때문이다.

키플링이 쓴 이 시 'IF'는 간디도 즐겨 외울만큼 읽을수록 힘과 결기를 갖게 한다. 게다가 '정글북' 작가에다 최연소 노벨 문학상 수상자였던 만큼 두터운 신망 때문에 키플링 그 자신의 경험이 토대인지라 이 시를 많은 이들은 자기 신념으로 삼곤한다. 이처럼 가설 사고는 가설을 세우고 이를 검증하는 과정 그 자체를 문제해결로 본다.

하지만 '가설 사고'가 합당하지 않은 경우도 있다. 이를테면 조난 당한 세 명이 가까스로 무인도에 도착했다. 한 명은 물리학자이고, 다른 한 명은 화학자이다. 나머지 한 명은 경제학자였다고 한다. 구조대가 오기까지 생존을 하는 것은 아주 중요한 문제다. 다행히 해안가에서 통조림 몇 통을 구할 수 있었다. 이 통조림을 여는 문제를 해결하기 위해 먼저 물리학자가 나섰다. "높은 곳에서 떨어뜨리면 가속도로 인해 압력을 받은 통조림은 열릴 것이다!"라고 말했고, 화학자는 "통조림을 불로 가열하면 통조림에 균열이 생길 테니, 균열을 이용해 통조림을 열 수 있다!"라고 말한 반면 경제학자는 "'이 섬에는 사람이 살고 있다'라고 가정해보면 어떨까?"라고 말했다고 한다. 물리학자와 화학자는 사실을 토대로 해결책을 생각한 반면, 경제학자는 가설을 세운 것이다. 경제학자는 가설사고를 쓴 것일까. 문제해결 입장에서 이를 되새기면, 가설은 현재 상황을 적절히 반영한 것이어야 한다는 점과, 가설을 검증할 수 있는 사실 수집이 가능한 여건에서 효과가 있다는 점이다. 이 점을 문제해결 워크숍에 익히는 방법으로 쓴 활동이 A줄과 B줄을 묶는 방법을 5단계로 요약하는 워크숍이다.

외전 A줄과 B줄을 묶어라! ⚲

이 워크숍은 독일 한 초등학교에서 창의력과 문제해결 능력을 향상시키기 위해 고안한 것이다. 문제 구조가 단순하고, 몸을 움직이는 활동 특징이 있어 문제해결 워크숍 첫 시간에는 안성맞춤이다. 제시한 문제는 'A줄과 B줄을 묶는 것'이다. 단 두 줄을 묶는 방법을 다섯 단계로 정리해야 한다. 원문은 5단계로 줄 묶는 과정을 요구하지 않는다. 그럼에도 그 과정을 요구한 까닭은 문제해결 프로세스가 5단계이기 때문에 그 라임을 맞춘 것이다.

그림 2-8 | A줄과 B줄을 묶어라

워크숍 개요 한 여인이 A 지점에서 내려온 줄을 잡고 까치발 서 있다. 여인은 B 지점에서 내려온 줄을 잡으려고 한다. 바닥에는 니퍼·작은 통·의자가 있다. 문제는 A줄과 B줄을 묶는 것이다.

워크숍 조건 A줄과 B줄을 묶는 과정을 5단계로 쓰는 것이다. 이 과정에서 질문은 각 팀당 1회만 할 수 있다. 내용을 모두 완성한 팀은 '시연자'를 뽑는다.

워크숍 시연 5단계를 완성한 팀 리더는 내용을 발표한다. 시연자는 리더 발표에 따라 몸을 움직인다.

이 워크숍 시사점은 세 가지이다. 그 전에 앞서 말한 '가설 사고'와 '사실 중심 사고'의 입장에서 먼저 집고 넘어가는 것이 순서인 듯싶다. 우선 모범답안과 실제 워크숍 답안은 다음과 같다.

	모범답안	워크숍 팀 답안(예시)
1단계	A줄을 놓는다.	A줄을 놓는다.
2단계	A줄에 니퍼를 묶은 후 진자 운동을 시킨다.	니퍼를 잡는다.
3단계	의자를 B지점 아래 두고 의자 위에 올라간다.	B줄을 끊는다.
4단계	진자 운동으로 오는 A줄을 잡고 니퍼에 묶은 줄을 푼다.	끊은 B줄을 들고 A줄에 묶는다.
5단계	A줄과 B줄을 묶는다.	일을 마쳤으니 의자를 앉아 쉰다.

모범답안 핵심은 두 가지다. 첫째, '잡고 있는 A줄을 놓아야 다음 행동이 가능하다'라는 점과 둘째, '진자 운동'이란 원리를 문제해결에 적용해야 한다는 점이다. 반면에 실제 워크숍 답안은 모범답안과는 완전히 다르다. 5단계 내용만 봐서는 장난기도 있다.

5단계 시연을 모두 마친 후 "줄을 끊은 이유는 무엇입니까?"라고 물으면 십중팔구 "우리는 이 줄이 철사라고 여겼기 때문입니다"라는 답변을 한다. "왜, 그렇게 생각하셨나요?"라고 다시 물으면 "어떤 성질의 줄인지 소개하지 않았기 때문에 우리 팀은 '철사'로 가정했습니다"라고 답

해결에 집중하라

한다. 여기까지 대화는 특별히 흠잡을 곳이 없다. 하지만 결정적인 실수가 있다. 그것은 바로 '철사로 가정했다면' 이는 꼭 사실로 검증했어야 했다. 이를테면 이 팀은 질문을 1회 쓸 수 있는 기회를 활용해야 했다.

실제 이 팀은 2가지 질문을 놓고 고민을 했다. '줄 성질을 물을 것인지' 혹은 '묶인 상태를 물어야 하는지'를 말이다. 하지만 고민 끝에 선택한 이 팀 질문은 엉뚱하게도 '니퍼·작은 통·의자를 꼭 써야 하는지'였다. 그 사연은 이렇다. 이 팀은 줄을 잘라 묶는다라는 가설을 세웠고, 이 가설 검증 핵심은 '줄이 철사인지 여부'였지만 애석하게도 '니퍼 활용 여부'를 물은 것이 실수였다. 반면에 또 다른 팀은 이 문제를 푸는 방법으로 '진자 운동'을 떠 올렸고, 이를 실현하는 방법으로 '니퍼'를 추로 사용하면 되겠다라는 가설을 세웠다. 요컨대 진자운동이라는 가설을 세운 뒤 니퍼를 추로 사용할 수 있는가를 물었다. 가설을 검증한 셈이다.

한 문제를 푸는 방식은 다양하다. 다만 모범 답안에 가까운 답을 내느냐가 관건이다. 이를 다른 말로 표현하면 '우선순위를 결정했는가'를 묻는 것이다. 문제해결은 바로 이 입장을 취한다. 정답 보다는 모범답안에 가까운 것 즉, 우선순위가 높은 것을 선택하고 실행하는 일이다. 이 두 팀의 문제해결 과정을 비교하면 모범답안에 근접한 해결(안)을 낸 팀(진자운동)은 주어진 문제 조건을 주의 깊게 살폈고, 가설을 세웠다. 이어 제한적인 조건 내에서 가설을 검증하는 방법을 면밀하게 분석했다. 이를테면 진자운동과 세 개 도구 간 인과관계를 따져 물은 결과 '니퍼'가 '추'로 가장 적합하다고 판단한 것이다. 그 결과는 타 팀이 낸 답안

보다 우수했다. 이처럼 가설 사고는 문제해결 과정에서 빼놓을 수 없는 사고력이다. 특히 주어진 정보가 제한적일 경우 가설 사고는 사건을 돌파하는 큰 힘이다. 주의할 점은 앞 서 소개한 한 경제학자의 실수를 반면교사 삼는 일이다.

세 가지 시사점

첫째, 문제가 발생한 현장은 매우 중요하다. 토의를 마친 팀은 곧바로 시연 준비를 한다. 작성한 내용 그대로를 리더는 읽고, 시연자는 발표 내용대로 움직여야 한다. 하지만 발표 내용과 움직임이 일치하지 않는 일이 허다하다. 왜 그럴까. 토의는 상상이고, 움직임은 실제이기 때문이다. 문제해결 실력이 좀처럼 향상되지 않는 이유가 여기에 있다. 요컨대 문제가 일어난 사건 현장을 등한시 하는 문제해결은 그 수준이 높을 수 없다.

둘째, A줄을 놓지 않고는 그 다음 어떤 동작도 할 수 없다. 대다수 이 조건을 잊는다. 왜 그럴까. 5단계라는 조건에 맞추려다 보니 또는 A줄을 잡고서도 움직임이 가능하다고 여긴 탓이다. 하지만 A줄을 잡고 있는 상태에서는 그 다음 단계 행동은 부자연스럽다. 심지어 A줄을 잡고 5단계 시연을 하는 과정은 타 팀에게 많은 웃음을 선사할 만큼 우스꽝스럽다. 문제해결은 프로세스이다. 이 절차는 각 단계에서 내야 하는 결과물을 반드시 내 줘야 한다. 인과관계 때문이다. 문제해결 능력을 '논리력 수준'으로 보는 견해도 이 때문이다.

셋째, A줄과 B줄을 묶는 과정을 5단계로 나눠 쓰기를 요청한 목적은 문제해결 식 글쓰기를 미리 익혀 두기 위함이다. 문제해결 글쓰기 조건은 '5~7개 낱말을 쓰되 ① 주어+동사, ② 주어+목적어(명사)+동사' 문장 형식을 갖춰 써야 한다. 단문 쓰기는 이 형식을 말하고, 이는 보고서 쓰기 원칙이다. 습관적으로 쓰는 어투도 있다. 이를테면 명사와 명사 사이 '의', 우리 말 '~스럽다', '답다'를 뜻하는 '적'을 남발한다. 이 둘은 모두 일본어 식 표현이다. 게다가 의존명사 '것'도 '의', '적' 못지 않게 자주 쓴다. 이 밖에 '및', '와', '과'를 포함하는 문장, '~에 대한', '~를 통한' 등 영어 번역투 문장 모두는 문제해결 워크숍에서 수정 대상으로 바로 잡는다. 한글 문법을 애용하고자 하는 취지도 있지만, 가장 큰 이유는 이런 문법으로 쓴 문장은 인과관계를 정확하게 드러내지 못하기 때문이다.

	모범답안	실제답안 1
1단계	A줄을 놓는다.	A줄을 놓는다.
2단계	A줄에 니퍼를 묶고 진자 운동을 시킨다.	옷을 벗는다.
3단계	의자를 B지점 아래 두고 의자 위에 올라간다.	옷을 A줄에 묶고, B줄까지 간다.
4단계	진자 운동으로 오는 A줄을 잡고 니퍼에 묶은 줄을 푼다.	의자에 올라간다.
5단계	A줄과 B줄을 묶는다.	A줄과 B줄을 묶는다.

	실제답안 2	실제답안 3
1단계	A줄에 통을 매단다.	A줄 끝에 니퍼를 활용해서 통을 묶는다. 통안에 니퍼를 넣는다.
2단계	A줄을 진자운동 시킨다.	통을 바깥 방향으로 밀어서 진자운동 시킨다.
3단계	B줄에 니퍼를 매달고 의자 위에 올라간다.	의자를 중앙으로 가져온다.
4단계	B줄을 진자운동시키면, 진자운동하는 A줄과 엮인다.	B줄을 잡아온 상태에서 A줄이 다가오면 잡는다.
5단계	A줄의 통과 B줄의 니퍼를 풀고, 묶는다.	의자 위에 올라와 통을 풀고, 두 줄을 묶는다.

실제답안 1 은 창의성이 가장 높았다. 다만 A줄을 놓지 않고 옷을 벗을 수는 없다 했는데, 옷을 입은 채 A줄과 B줄을 묶었다. 이 움직임은 마치 한 편의 마임을 보는 듯 유쾌했다. 이 같은 답안은 워크숍 활력소이다. 이 장면을 연출한 팀에게 경의를 표한다.

실제답안 2 는 A줄에 작은 통을 B줄에 니퍼를 묶고는 두 줄 모두 진자운동을 시켰다. 얼핏 보면 그럴듯하다. 하지만 'A지점 줄을 놓는다'가 빠졌다. 이를 1단계로 시작했다면, 3종류의 도구 모두를 사용한 기념비적 사례로 썼을 것이다.

그림2-8-1 | 실제답안 2

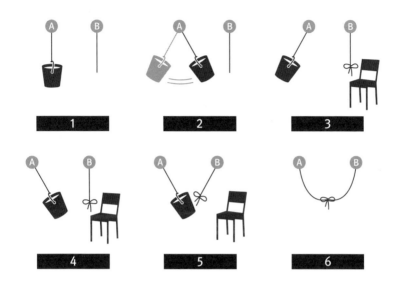

3종류 도구를 쓴 이 사례는 꽤 깊은 토의를 했다. 반면에 '도구를 사용해야 하느냐?', '몇 개의 도구를 써야 하느냐?'라는 질문이 많았다. '도구를 쓸지 말지, 한 가지를 쓸 것인지 3종류 다 사용할 것인지는 팀 결정에 따른다'라는 것이 답변이다. 질문에 엉뚱한 답변을 한 것처럼 보일 수 있지만, '예 또는 아니오'라는 답변을 내면 답변을 기준 삼아 다양한 해결(안)을 검토하지 않는다. 요컨대 대안 탐색 활동이 멈춘다. 반면에 방향을 제시하는 답변은 문제를 다양한 시각으로 관찰하고, 최적(안)을 찾기 위해 애쓰고, 몰입을 즐긴다.

실제답안 3 은 이 워크숍의 세 가지 시사점을 모두 검증해 준 답안이다.

전략경영 사례로 익히는 문제정의 기술
토이저러스 파산 선언, 무엇이 문제였나?

문제정의 기술

① 바람직한 상태와 현 상태
② 연역과 귀납
③ S-Is-Q-A의 쓰임

문제정의 실전 사례

외전

전략경영 사례로 익히는 문제정의 기술 ━━━━━━━◢

'토이저러스(Toys "R" Us)'가 돌아왔다. 2017년 9월 18일 파산 보호(챕터 11: 채무 상환 의무 일시 정지) 신청 이후 대략 22개월(2019.07.29 기준일)여 만이다. 정확히는 채무 조정에 실패, 미국 내 700개 매장 모두를 폐점하는 파산 선언(2018.03.05) 후이니 17개월여 만이다.

'토이저러스'는 1948년 어린이용 가구점 'Children's Bargain Town'으로 워싱턴 DC에서 출발했다. 2차 대전과 베이비 붐 시절을 겪으면서 가구점은 성장했다. 특이한 점은 가구와 구색 맞추기로 들여놓은 장난감을 사려는 아이 재 방문율이 높았다. 창업자인 찰스 라자루스(Charles Lazarus · 1923 - 2018)는 이 점을 놓치지 않았다. 1957년 '장난감(Toy)'과 자신 이름 '라자루스(Lazarus)'를 합성, R을 좌우 반전 시키는 괴짜감을 과시하며 '장난감 슈퍼마켓'을 선보인 것이 '토이저러스'다.

"나는 어른이 되고 싶지 않아요. 나는 토이저러스 키드!(I don't want to grow up, I'm a Toys R Us kid)"는 토이저러스를 궁극의 장난감 브랜드로 만든 CM 송이다. 이때가 1960년, 1978년에는 기업을 상장했다. 그로부터 2017년 9월 전까지 토이저러스는 전 세계 어린이들에게 절대군주와 같은 존재였다. 2010년 · 11년 총매출은 138억 달러로 최고치를 기록했고, 파산 보호 신청 직전 해인 2016년 기준 전 세계 1691개 매장, 총매출액은 115억 달러였다. 지난 10년간 매출액이 감소 추세인 것은 사실이지만 매년 5~6% 영업이익을 내고 있던 터라 토이저러스의 파산 선언은 충격이고, 시사하는 바가 많다.

여기까지 이야기만으로는 토이저러스 파산 보호 신청이 전략 경영사에 남긴 의미를 찾기는 힘들다. '파산 선언'에 이르기까지 토이저러스가 해결하지 못한 문제를 찾아야 한다. 이 점에 있어서는 2017년 9월 당시 '부채가 문제다'라고 진단한 블룸버그 통신 분석 기사를 가장 신뢰할 만한 하다. 게다가 '온라인 진출을 아마존에게만 의존한 점'이 파산의 결정적 원인이라는 분석 내용도 포함해서 말이다. 국내·외 전문가 역시 블룸버그 분석 기사를 인용하면서 이 사례는 '급변하는 경영 환경에 적응하지 못하면,' 또는 '디지털 환경에 적시에 대응하지 못하면,'이라는 조건을 망각하지 않는 것이 시사점이라고 했다.

하지만 이 시사점으로 이 사례를 다루는 것이 마뜩지 않다. 좀 더 입체적으로 다루는 일이 문제해결 연구회 일이다. 요컨대 블룸버그 통신사가 지적한 '부채'가 쌓인 사연을 파헤치면 새로운 문제를 찾을 수 있을 것이란 확신이 들었기 때문이다. 그 결과, '토이저러스와 월마트', '토이저러스와 아마존', '토이저러스의 LBO' 간 있었던 사건 모두가 '부채'와 상관 있음을 알았다. 이는 '부채'라는 문제 밑바닥에 세 가지 문제가 깔려 있었다는 것이고, 이 문제를 제때 해결하지 못한 것이 토이저러스가 몰락한 결정적 문제였다는 추론이 가능하다.

그렇다면, 토이저러스가 진 빚에 깔린 세 가지 문제는 무엇일까? 이 세 가지 문제를 파헤치기 위해서는 정보를 수집하고, 사실을 정리하는 프레임이 필요하다. 앞서 소개한 '개요·상황(Situation) - 이슈(Issues)

그림 3-1 　토이저러스 문제 인식 관점

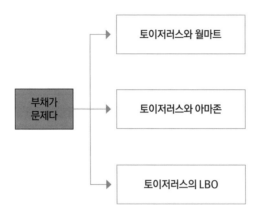

− 문제 정의 질문(Question) − 문제정의(Answer)’ 프레임을 적용할 수 있다. 가장 먼저 써야 하는 개요는 기업 연혁과 주요 사업, 특정 사건을 정리 나열하고, 이를 요약한다. 다른 말로 ‘상황 기술문’이라고도 부른다. 문제정의를 위한 이 사례 제목은 ‘토이저러스 파산 선언, 무엇이 문제였나?’로 정했다.

토이저러스 파산 선언, 무엇이 문제였나?

개요(Situation)

① 토이저러스 연역과 주력 사업

◆ 1948년: 어린이용 가구점 ‘Children’s Bargain Town’으로 워싱턴

DC에서 출발

◆ 1957년: '토이저러스(Toy "R" Us)' 장난감 매장 체인 브랜드 탄생. 카
　　　　테고리 킬러로 급성장

◆ 1978년: 토이저러스 상장

◆ 2017년: 파산보호 신청(챕터 11)

◆ 요약: 카테고리 킬러(category killer)는 한 상품 분야 즉, 많은 매장을
　　　　체인화하고, 독특한 가격 할인 정책과 압도적인 상품 수를 갖춘
　　　　기업으로써 규모의 경제로는 대응할 수 없는 동종 기업을 '고사
　　　　(kill)'시키는 기업을 두고 붙이는 이름

② 토이저러스와 월마트

◆ 1994년: 토이저러스, 미국 장난감 매출 1위

◆ 1998년: 월마트, 장난감 매출 1위 차지

◆ 2002년: 토이저러스, 월마트와 경쟁하기 위해 미국 내 600개 매장 리
　　　　뉴얼

◆ 2003년: 토이저러스, KID R US(어린이 의류 매장) 폐쇄 결정, 2억 8천
　　　　만 달러 손실

◆ 2016년: 연말 홀리데이 장난감 매출 '아마존 – 월마트 – 토이저러스' 순

◆ 요약: 월마트가 토이저러스를 제치고 장난감 판매 1위를 차지한 것
　　　　은 장난감 구매 행위가 변했다는 점을 시사한다. 이를테면, 토
　　　　이저러스가 월마트에 1위 자리를 내준 것은 '원가경쟁'에서 진

것이다. 또한 월마트는 '장난감 체험형'으로 차별화 한 반면 토이저러스는 여전히 '창고형' 즉, TV 광고를 보고 매장을 방문한 후 카트에 장난감을 담는 판매 방식을 고수한 점이 달랐다. 뒤늦게 이를 깨달은 토이저러스가 600여 개에 달하는 매장을 '체험형'으로 바꾸고, 어린이 의류 매장으로 다각화하는 방편으로 관심을 끌려 했으나, 되레 '신의 악수'가 된 꼴이었다. 토이저러스는 2005년 영업이익 38억 달러 손실을 기록했다. 이는 시작에 불과했다.

③ 토이저러스와 아마존

◆ 2000년: 토이저러스 – 아마존 간 10년간 독점 판매 계약, 아마존에게 50억 달러 지급

◆ 2004년: 토이저러스, 아마존을 상대로 독점 판매 계약 위반 소송 제기

◆ 2006년: 아마존, 독점 판매 계약 위반 판결 결과 토이저러스에게 51억 달러 배상

◆ 2006년: 토이저러스 전용 온라인 쇼핑몰 영업 시작

◆ 요약: 결과적으로 아마존은 비겁했다. 하지만 그 피해는 토이저러스 몫이었다. 온라인 쇼핑이 성장기에 접어든 시점에 독자적인 온라인 쇼핑몰을 연 토이저러스 의사결정은 최악이다. 반면 아마존은 '독점'보다는 '개방'을 선택한 것이 유통업계 공룡 월마트까지 따돌리고, 장난감 부문 온라인 판매 1위를 차지하는 기염을 토했다.

토이저러스가 2000년 대 초반 거품이 꺼진 '이토이스(eToys)'를 사들이며 독자적인 온라인 쇼핑몰을 준비하는 듯했으나 돌연 '아마존'과 손을 잡은 점은 월마트에 뺏긴 1위 자리를 빠른 시간 내에 다시 차지해야 한다는 욕심이 미래를 내다보는 혜안에 검은 장막을 스스로 친 것이다.

④ 토이저러스의 부채

◆ **2005년:** 베인 캐피털(Bain Capital)·콜버그 크래비스 로버츠(KKR:Kohlberg, Kravis & Roberts·사모펀드)·보나도 부동산 신탁(Vornado Realty)은 75억 달러에 토이저러스 인수, 이 중 66억 달러(총 자본의 82.7%에 해당)를 LBO(leveraged buy out)로 자금 조달, 매년 4억 5천만 달러(이자율 7.25%) 이자 비용 발생, 현금 유출

◆ **2013년:** 10억 달러 적자 발생

◆ **2015년:** 기업 회생 전문가(turnaround artist)로 명성이 자자한 데이브 브랜던(전 도미노 피자 CEO) 임명

◆ **2016년:** 매출 115억 달러, 3600만 달러 손실

◆ **2017년 9월:** 파산 보호 신청 '챕터 11', 182개 매장 폐점(총 880개 매장 중 1/5 수준)

◆ **2018년:** 토이저러스, 부채 만기 도래(2005년 LBO 방식으로 조달한 66억 달러 중 50억 달러)

◆ 2018년 3월 15일: 파산 선언

◆ 요약: 월마트와의 경쟁에서 밀려나고, 아마존이 독점 계약을 파기한 결과 토이저러스 수익성은 극도로 악화되었다. 그 결과 토이저러스는 인수합병(M&A)을 당할 수밖에 없었다. 하지만 그 방식이 토이저러스 부동산을 담보로 은행에서 돈을 받아 토이저러스를 인수합병하는 방식인 점이 결국 자기 무덤을 스스로 판 형국이다. 2005년 이후 토이저러스 경영은 부채와의 전쟁이라고 해도 과언은 아니었다. 2010년과 2011년 139억 달러로 사상 최고치 매출을 기록했지만, 영업이익은 각각 17억 달러(2010)와 15억 달러(2011년)로 2000년 113억 달러 매출에 영업이익 40억 달러를 기록한 것과 비교해 보면 빚이 토이저러스 성장을 어떻게 가로막았는지를 알 수 있다. 2011년 이후 토이저러스 매출은 2016년까지 매년 평균 1.4%씩 빠졌고, 영업이익은 2013년 마이너스를 기록한 후부터 2016년까지 2012년 기록한 4억 달러 수준도 회복하지 못했다.

이슈(Issues)　　두 번째 일은 '이슈' 즉, '토이저러스와 월마트', '토이저러스와 아마존', '토이저러스의 LBO' 각각 쓴 개요서 요약문을 토대로 '한 번쯤 생각해 볼만 것'을 목록화 하는 것이다. 이슈를 뽑았을 때, 문제해결 연구회는 '○○○은 한 번쯤 생각해 볼 만한 이슈이다'를 의도적으로 붙여 쓴다. 그렇게 써서 말이 되거나 어색하지 않으면 이슈로 간주해도 무방하다. 이슈 문장 핵심어가 문제 정의문 핵심어가 되기 때문이다. 이런 이유로 이슈 문장을 시작하는 'ㅇㅇㅇ'은 '명사'를 주어로 쓰는 것이 이롭다. 이러한 점을 고려한 이슈문 예시 문장은 아래와 같다.

① 토이저러스 연역과 주력 사업

장난감을 카테고리 킬러로 성장기를 만끽하는 만큼 '의류', '유아 용품'으로 상품을 다각화하는 일은 자연스런 현상이다. 다만 성장률 정체 시기인 성숙기 때 이들 상품이 카테고리 킬러로 성장시키지 못하면 애물단지로 전락할 수 있는 점은 한 번 생각해 볼 만한 이슈이다.

② 토이저러스와 월마트

a. 창고형 매장인 월마트가 장난감 부분만 유독 '체험형'으로 바꾸고 시장에 진입한 반면, 토이저러스가 이에 뚜렷한 대응 전략을 내 놓지 않은 점은 한 번 생각해 볼 만한 이슈다.

b. 결국 월마트 최저가 정책은 토이저러스 가격할인 정책을 뛰어 넘었다. 바로 이 점 카테고리 킬러 전략의 핵심인 가격할인 정책이 최저가 정책을 압도하지 않은 점은 한 번 생각해 볼 만한 이슈다.

③ 토이저러스와 아마존

a. '이토이스'를 사들인 토이저러스가 독립 쇼핑몰 운영을 포기한 점은 한 번 생각해 볼만 이슈다.

b. 아마존과 10년 독점 계약을 한 토이저러스 의사결정은 한 번 생각해 볼 만한 이슈다.

④ 토이저러스의 부채

a. 수익성이 나빠진 토이저러스가 LBO 방식 인수합병을 받아들인 의사결정은 한 번 생각해 볼 만한 이슈다.

b. 매년 이자 비용이 4억 달러씩 현금으로 발생하는 것을 모를 리 없는 토이저러스가 이를 해결하는 혁신(안)이 없는 점은 한 번 생각해 볼 만한 이슈다.

c. 파산 보호 챕터 11을 신청한 상태에서도 매장을 오히려 늘린 토이저러스 구조조정 방식은 한 번 생각해 볼 만한 이슈다.

문제정의를 위한 질문(Question) 문제 정의를 끌어내는 질문(Question)은 이슈 문장 핵심어를 질문 핵심으로 만드는 것이다.

① 토이저러스 연혁과 주력 사업

카테고리 킬러 상품을 축으로 상품을 다각화 할 때, 가치사슬(Value Chain) 관점에서 문제는 무엇인가?

② 토이저러스와 월마트

a. 토이저러스는 창고형 매장을 고수했고, 월마트는 체험형 매장으로

차별화 했다. 그 결과 토이저러스는 월마트에게 장난감 부문 시장점유율 1위를 내줬다. 시장점유율 1위를 뺏긴 토이저러스 문제는 무엇인가?

b. 결과적으로 월마트 최저가 정책이 토이저러스 가격 할인 정책 보다 매력적인 전략이 되었다. 토이저러스 가격할인 전략 문제는 무엇인가?

③ 토이저러스와 아마존

a. '이토이스'를 활용을 포기한 토이저러스 문제는 무엇인가?

b. 아마존과 10년 독점 계약, 문제는 무엇인가? 또는 예상 문제는 무엇인가?

④ 토이저러스 부채

a. LBO 방식 인수합병을 받아들일 수 밖에 없었던 토이저러스, 문제는 무엇인가? 또는 직면한 문제는 무엇이었나?

b. 매년 이자 비용을 4억 달러 씩 현금으로 지출해야 한다. 문제는 무엇인가? 또는 어떤 문제가 있었는가?

c. 토이저러스 구조조정 방식 문제는 무엇인가?

이밖에도 문제 정의를 끌어내는 질문을 더 만들 수 있다. 여기서 한 가지 짚고 넘어갈 점은, 질문 유형이다. 이를테면 '예상 문제'와 '당장 해결해야 할 문제'로 구분할 수 있다. 예상 문제 해결(안)은 대비책이고, 당장 해결해야 할 문제는 대응책이다. 대비책은 창의적인 아이디어가 필요하고, 대응책은 원인 분석 결과물로 얻은 '과제'를 해결하는 아이디어가 필요하다. 다른 말로 표현하면 대비책은 혁신(안)에 가깝고, 대응책은 개선(안)쯤으로 알아두면 문제 해결을 조금은 쉽게 익힐 수 있다.

한 사례를 이렇게 두 방향으로 문제 정의문을 쓰면 그 활용 폭이 넓고 생각도 깊어 통찰력이 생긴다. 토이저러스 사례는 '예상 문제'보다는 '당장 해결해야 할 문제'를 찾는 것이니 만큼, 문제 정의문(Answer)은 '① **토이저러스 연혁과 주력 사업**' 부문을 제외하고, 대응책이 필요한 문제 정의문을 작성하는 것이 바람직하다.

문제정의(Answer)   네 번째는 질문에 적합한 '답변(Answer)'을 쓰는 일이다. 이때 답변은 '○○○이 문제다'라고 단문으로 써야 한다. 문제 정의문이 복문이면 '원인 분석'을 할 때 애를 먹기 때문이다. 예를 들어 '아마존과 10년 독점 계약했기 때문에 온라인 진출이 늦은 것이 문제다'라고 쓰면 안 된다는 말이다. '아마존과 10년 독점 계약'과 '온라인 진출이 늦은 점'을 문제 정의문에 인과 관계로 써 버리면 '원인 분석'은 따로 할 필요가 없기 때문이다. 이 경우에는 '아마존과 10년 독점 계약한 것이 문제다' 또는 '온라인 분야 사업 진출이 늦은 것이 문제다'로 써야 원인 분석을 제대로 할 수 있다. 이 부분은 '원인 분석' 시에 자세하게 다루고, 여기서는 '문제 정의문'은 형용사와 부사를 제외한 명사 중심 단문으로 쓰는 것이 중요하다는 점을 기억하는 것이다. 그 예시문은 아래와 같다.

① 토이저러스 연역과 주력 사업

토이저러스 핵심 역량은 가치사슬 내 '마케팅과 세일즈'이다. 하지만 상품 다각화 품목인 '의류'는 '제조 원가'가 중요한 품목이다. 이는 가치사슬 내 '구매(IN BOUND LOGISTICS)' 역량이 수준급이어야 한다는 것이다. 문제는 토이저러스에게 이 역량이 축적되어 있지 않은 것이 문제이다(2003년 어린이 의류 전문 매장인 KID R US는 문을 닫았다).

② 토이저러스와 월마트

a. 경쟁사 월마트 집중 차별화 전략에 대응하는 경쟁 전략이 없는 것이 문제다.

b. 토이저러스 마케팅 전략 즉, 장난감 구매자(부모)와 사용자(어린이) 세그먼테이션이 정교하지 못한 것이 문제다. 또는

b-1. 장난감 구매 패러다임이 변한 것을 인식하지 못한 것이 문제다. 이를테면 '정보 획득 경로가 TV에서 온라인으로 변경된 것을 중요하게 여기지 않은 것이 문제다.

③ 토이저러스와 아마존

a. 온라인 사업 기반(가치사슬)을 조성하지 않은 것이 문제다.

b. 아마존과 10년 독점 계약한 사실 그 자체가 문제다.

해결에 집중하라

④ **토이저러스의 부채**

a. 집단사고(Groupthinking)에 빠진 것이 문제다.

b. 재투자 비용이 부족한 것이 문제다.

c. 부채를 줄이는 구조조정 방식으로 적합(FIT)하지 않은 것이 문제다.

　문제정의문 역시 이보다 더 많은 관점으로 접근할 수 있고, '조직 효과성'을 판단하기 위해 맥킨지 컨설팅이 고안해 쓰는 '7S 모형' 관점을 빌려 쓰기도 한다. 실제로 문제해결 워크숍에서 이 사례를 7S 모형 써서 정리하면, 유독 '스타일(Style)' 관점을 문제로 판단하는 빈도가 가장 높다. 이는 조직 내 많은 사건이 사람에 의한, 사람으로부터라는 인식을 반영한 듯 보이고, 특히 '최고경영자 스타일' 영향이 가장 크기 때문으로 판단하는 듯싶다.

그림 3-2   7S

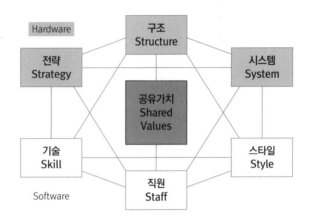

◆ **전략**: 조직이 목표를 달성하기 위해 접근하는 방식을 정의한 것.

◆ **구조**: 회사 내 자원을 여러 비즈니스 그룹 및 팀으로 한 구성.

◆ **시스템**: 운영 지원 시 사용하는 비즈니스 프로세스 또는 기술 플랫폼.

◆ **공유 가치**: 비전·사명으로 쓰고, 조직이 이유를 정의하는 방식.

◆ **스타일**: 직원 간 또는 이해 관계자 간 리더십 측면에서 설명하는 조직 문화.

◆ **직원**: 직원을 고용하고 유지하는 방법.

◆ **기술**: 조직 내·외 활동을 완료 할 수 있게끔 지원하는 기능.

    토이저러스 파산 선언 사건 문제를 '최고 경영자 스타일'로 볼 수도 있다. 월마트라는 경쟁자가 나타났을 때도 그랬고, 아마존과 10년 독점 계약 건도 그렇고 이 중요한 시점에 이 같은 의사결정을 내리는 '토이저러스 최고경영자 의사결정 스타일이 문제다' 또는 '토이저러스 이사

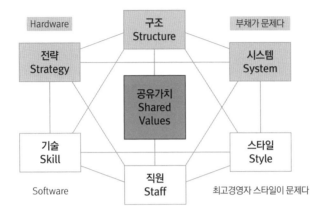

그림 3-3 토이저러스 문제정의 7S 활용

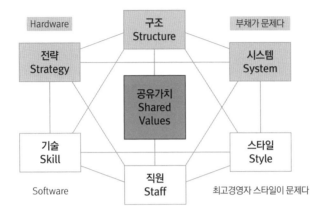

회가 집단사고에 빠진 것이 문제다'라는 결론은 전혀 이상하지 않기 때문이다. 반면에 블룸버그 통신사가 내 놓은 '부채가 문제다'라는 주장을 7S 모형으로 다시 보면, '전략', '구조' 관점으로 볼 수 있고, 둘 중 '구조' 측면에 더 무게감을 실을 수 있다. 이러한 두 문제정의문은 소프트웨어 관점에서는 '최고경영자 스타일이 문제다', 하드웨어 면에서는 '부채가 문제다'라고 결론 지을 수 있는 것이 7S 모형 쓰임이다.

토이저러스가 파산 선언까지 과정을 '토이저러스와 월마트', '토이저러스와 아마존', '토이저러스의 LBO' 세 주제를 2개 부문으로 나누면 '시스템'과 '구조' 측면이다. 이를테면 '토이저러스와 월마트·아마존' 관점은 '(경쟁전략) 시스템' 관점이고, 'LBO'는 '(전략경영) 구조 역량'에 가깝기 때문이다. 8개 문제 정의문도 이 맥락을 타고 7S 모형으로 정리할 수 있다.

그림 3-4 토이저러스 사례 8개 문제정의문 7S 정리

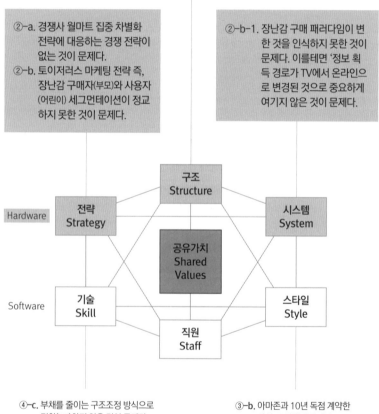

③-a. 온라인 사업 기반(가치사슬)을 조성하지 않은 것이 문제다.
④-a. 집단사고(Groupthinking)에 빠진 것이 문제다.
④-b. 재투자 비용이 부족한 것이 문제다.
④-c. 부채를 줄이는 구조조정 방식으로 적합(FIT)하지 않은 것이 문제다.

②-a. 경쟁사 월마트 집중 차별화 전략에 대응하는 경쟁 전략이 없는 것이 문제다.
②-b. 토이저러스 마케팅 전략 즉, 장난감 구매자(부모)와 사용자(어린이) 세그먼테이션이 정교하지 못한 것이 문제다.

②-b-1. 장난감 구매 패러다임이 변한 것을 인식하지 못한 것이 문제다. 이를테면 '정보 획득 경로가 TV에서 온라인으로 변경된 것으로 중요하게 여기지 않은 것이 문제다.

구조
Structure

Hardware   전략
Strategy

시스템
System

공유가치
Shared
Values

Software   기술
Skill

스타일
Style

직원
Staff

④-c. 부채를 줄이는 구조조정 방식으로 적합(FIT)하지 않은 것이 문제다.

③-b. 아마존과 10년 독점 계약한 사실 그 자체가 문제다.

문제해결 연구회가 이 사례를 다루면서 눈여겨 본 부분은 '시스템' 관점이다. 그 중 '월마트' 집중차별화 전략에 대응하는 경쟁전략을 내 놓지 못한 토이저러스의 무기력함을 본 것이고, 이를 가장 큰 문제로 삼았다. 단순한 '전략 부재'로 볼 수 있지만, 실상은 전략을 실행하는 '가치사슬(Value Chain) 관리를 하지 않은 것'으로 보인다. 8개 문제 정의문 대부분이 '하드웨어' 관점에 몰린 것을 보면 '가치사슬 시스템이 붕괴한 것이 문제'이다. 이는 블룸버그 통신사 주장과는 다른 입장이다.

2019년 토이저러스는 '하이테크 · 체험 · 소통'이 가능한 '체험형 매장'을 표방한다는 보도자료를 냈다. 이전 보다 작은 매장 규모, 상품 진열대 대신 '부모와 아이에게 잊지 못할 추억을 만들 장난감 놀이터'를 핵심으로 삼고 있다. 디지털 사업 환경에 이제서야 올라탄 듯싶지만, 하이테크 기술을 '체험형' 어디에 썼다는 보도는 부족했다. 두고 보면 알 일이다.

문제정의의 기술 ① 바람직한 상태와 현 상태

'바람직한 상태에서 벗어나 어떤 대응이 필요한 것'이 '문제(problem)'이다. 이를 '현 상태 · AS IS - 바람직한 상태 · TO BE'라는 틀(frame)로 표현할 수 있다. 이 프레임은 AS IS와 TO BE 간의 관계를 어떻게 따지느냐에 따라 그 쓰임은 약간 다르다.

ⓐ는 문제를 드러낸 것이고, ⓑ는 전략을 시각화 한 것이다. ⓐ와 ⓑ가

그림 3-5 문제와 전략 구조화

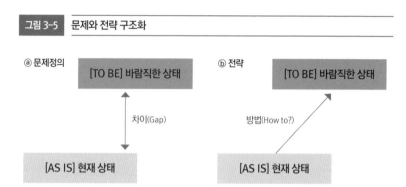

ⓐ 문제정의 [TO BE] 바람직한 상태   ⓑ 전략 [TO BE] 바람직한 상태

차이(Gap)   방법(How to?)

[AS IS] 현재 상태   [AS IS] 현재 상태

다른 점은 화살표 모양이다. ⓐ는 AS IS 와 TO BE 간 '차이'를 표시한 것이고, ⓑ 화살표시는 방향·방법을 뜻한다. 이를테면 현 상태(AS IS)에서 바람직한 상태(TO BE)에 도달하는 방법, 'How To'를 묻는 것이다.

그림 3-6 문제 구조화

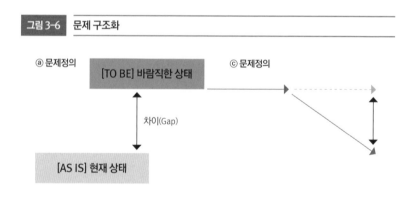

ⓐ 문제정의 [TO BE] 바람직한 상태   ⓒ 문제정의

차이(Gap)

[AS IS] 현재 상태

'문제'는 ⓒ처럼 표현하기도 한다. 문제해결 워크숍에서 흔히 쓰는 표현 방식이다. 이 밖에도 '문제'를 규정하는 핵심어 인 '차이(gab)'를 시각화하는 방법은 무궁무진하다. 하지만 ⓐ와 ⓒ만큼 잘 표현한 것은 없어

해결에 집중하라

보인다. '문제정의'는 이 '차이'가 무엇인지 그 정체를 밝혀 문장으로 기술하는 행위이다. 문제해결 연구회는 ⓐ 형식을 쓴다.

문제해결 연구회가 '문제 정의문' 작성 실습을 위해 자주 쓰는 사례는 '정찰대 문제는 무엇입니까?'라는 사례다. 이 사례는 한국 전쟁으로 거슬러 올라간다. 당시 한국군 정보 부대 지휘 임무를 맡고 있는 마빈 레빈슨 장군이 있었다. 장군은 정찰대 보고를 납득하지 못했다. 그 까닭은 임무를 마친 정찰대는 '적 동향, 아무것도 본 것이 없음'이라는 보고를 며칠 동안 반복하고 있었기 때문이다. 마빈 장군은 '아무것도 본 것이 없다니!'라는 탄식을 하며, '혹시 정찰대 임무와 정찰 방법·보고하는 방법을 모르는 것이 문제일까'라고 추론 했다. 장군은 즉각 교육을 실시했다. 하지만 정찰대 보고는 달라지지 않았다. 여전히 '본 것이 아무것도 없다'라는 보고를 마빈 장군은 받았기 때문이다. 시름은 깊어졌고, '무엇이 문제인지?' 좀처럼 답을 찾을 수 없었다.

문제 정의를 제대로 하기 위해서는 '바람직한 상태는 무엇인지'를 정하는 것이 첫번째 할 일이다. 마빈 장군은 바람직한 상태로 '정찰대는 적 동향을 빠짐없이 보고하는 것이다'라고 정했다. 현 상태는 '아무것도 본 것이 없다라는 보고를 하는 정찰대'이다.

실제 워크숍에서 반응은 다양하다. 마빈 장군이 미국인이란 점을 들어 '언어가 다른 것이 문제다'라는 의견부터 '보고하는 방법이 익숙하지 않은 것이 문제다', '의도적으로 보고하지 않은 것이 문제다', '마빈 장군이 사실은 적군이다' 등등 엉뚱하지만 재치 있는 문제 정의문을 읽을 수 있다. 마빈 장군이 무릎을 탁 치며 얻은 결론은 '정찰대원의 애국심이 결여된 것이 문제다'였다.

이에 대한 부연 설명은 이렇다. 매일 전투가 일어나는 상황에서 적 동향을 캐내야 하는 임무를 맡은 정찰대원 모두가 '아무것도 본 것이 없다'라는 보고는 상식적으로 납득 할 수 없다. 정찰 교육까지 받았음에도 사정이 나아지지 않았다면 문제는 다른 방향이라고 마빈 장군은 판단했다. 급기야 마빈 장군은 정찰대원 한 명씩 면담을 했고, 면담 과정에서 '이 전쟁터에 내가 왜 있어야 하는지 모르겠다'라는 답변을 들었다. 이 답은 한 사람 속마음이 아니었다. 이를 간과한 것을 마빈 장군은 반성했다. 해결책은 간단했다. 정찰대원 모두를 교체하고, 전역을 명령했다. 하지만 놀라운 일이 그 뒤에 벌어졌다. 전역을 한 대원이 얼마간 있다가 부대로 복귀한 것이다. 그 이유인즉 금의 환영할 것을 기대했던 어머니가 '위태로운 조국을 버리고 돌아온 자식은 내 자식이 아니다'라고 꾸짖었다는 것이다. 이 사연을 들은 마빈 장군은 '한국군이 이 전쟁에서 승리한다면, 그 공은 어머니 애국심 때문일 것이다'라는 말을 남겼다고 한다.

이 사례에서 쓴 '문제 정의' 기술은 특별하지 않다. 사례가 제시하는 상황을 꼼꼼히 검토한 후 바람직한 상태와 현 상태 문장을 토대로 자유로운 의견을 토론하는 과정에서 얻었다. 이는 마빈 장군이 면담으로 얻은 정찰대원 의견을 검토하는 과정과 비슷한 맥락이다.

"정찰대원 사명감이 결여된 것이 문제다"라는 문제정의문을 얻는 방식은 두 가지 방향으로 설명할 수 있다. 연역과 귀납이 그것이다. 연역법은 일반적 사실로부터 구체적 사실을 끌어내는 것이다. 결론이 참신하면 십중팔구 연역법이다. 강원국 작가는 젊은이들은 연역법에 강하다고 했다. 신선한 아이디어가 필요할 때 젊은이 얘기를 귀담아 들을 필요가 있다는 것이다. 앞 서 소개한 엉뚱하지만 재치 있는 답변, '언어가 다른 것이 문제다', '일부러 보고하지 않은 것이 문제다' 등은 이 맥락이다.

반면에 귀납법은 구체적 사실로부터 일반적 사실을 끌어낸다. 경험을 해석하는 데 쓰는 편리함 탓에 나이 든 세대가 주로 쓴다고 한다. 이를테면 정찰 임무에 잔뼈가 굵은 마빈 장군에게 한국 정찰대 보고 내용은 매우 이례적이었다. 자기 경험에 비춰 정찰 교육이 효과가 없자 곧바로 정찰 대원 모두를 면담했다. 면담으로 얻은 여러 구체적 사실에서 마빈 장군은 '애국심 결여'라는 일반적 사실을 끌어 냈다. 요컨대 애국심은 군인에게 중요한 정신력이라는 것을 마빈 장군은 경험적으로 알고 있었기 때문이다. 이를 뒷받침 한 일이 전역한 병사가 다시 부대로 돌아온 이유가 어머니 애국심이었고, 마빈 장군이 본국으로 돌아갈 때 남긴 말 핵심어도 역시 애국심인 사실은 마빈 장군이 '애국심 결여가 문제다'라고 문제정의한 것은 이례적인 사건을 해석하는 데 자기 경험을 반추해 얻은 귀납적 결론이라고 할 수 있다. 마빈 장군의 문제정의 과정을

'S-Is-Q-A'로 정리하면 아래와 같이 쓸 수 있다.

개요(구체적인 사실)　지금은 한국 전쟁 중이다. 매일 전투가 벌어지는 전선에서 정찰대 임무는 매우 중요하다. 한국군 정찰대를 맡은 마빈 레빈슨 장군은 정찰 임무에 정통한 군인이다. 하지만 정찰 후 정찰대 보고는 매우 이례적이었다. '아무것도 본 것이 없음'이라는 보고를 매번 반복하고 있기 때문이다. 정찰 방법을 몰라 그랬겠지 싶어 정찰 교육을 했지만 결과는 같았다. 마빈 장군은 정찰대원 모두를 면담했다. 면담 결과 '자신이 이 전쟁을 하는 이유를 모르겠다'라는 의견이 대다수였다.

이슈(마빈 장군 경험으로 재해석하는 과정)

a. 정찰 기술이 숙련되어 있지 않은 점은 한 번 생각해 볼 만한 이슈이다.

b. 전쟁이 일어난 배경을 모르고 정찰대 임무를 수행하는 점은 한 번 생각해 볼 만한 이슈이다.

c. 마빈 장군과 쓰는 언어가 다른 점 역시 한 번 생각해 볼 만한 이슈이다.

d. 정찰대 임무 중요성을 자각하지 못한 채 정찰대 활동을 하는 것은 한 번 생각해 볼 만한 이슈이다.

문제정의 질문　정찰대원 모두 정찰대 임무 중요성을 자각하지 못한 점, 문제가 무엇인가?

문제정의(일반적인 사실) 정찰대원 모두 애국심이 부족한 것이 문제다.

문제정의의 기술 ③ **S-Is-Q-A의 쓰임**

문제해결 연구회가 쓰는 'S-Is-Q-A' 틀은 본래 S-C-Q-A 프레임 중 'Complication'을 'Issues'로 바꾼 것이다. 그만큼 S-C-Q-A 프레임은 변형이 자유롭고 쓰임도 다양하다. 이 많은 쓰임 중 가장 흥미를 끈 사람이 있다. '맥킨지 문제 해결 이론'을 쓴 '다카스기 히사타카'이다. 다카스기는 S-C-Q-A를 신속한 문제 해결 방법론으로도 쓸 수 있다고 말했다. 그는 'Answer' 부분을 '해결(안)'으로 삼았다. 요컨대 '상황(S) - 문제(C) - 문제해결을 위한 질문(Q) - 해결(안)(A)'으로 본 셈이다. 다카스기의 이 활용법은 문제해결 요약 보고서를 쓸 때 요긴하다.

신속한 문제해결 방법 S-C-Q-A

3C 분석은 오마에 겐이치가 고안한 대표적인 외부환경 분석 도구이다. '자사 - 경쟁사 - 고객' 관점으로 사실을 수집하고, 수집한 사실을 토대로 시사점 또는 문제정의를 한다. 다음 템플릿은 3C 프레임을 써서 신속한 문제해결 보고서를 쓰는 양식이다.

Situation	(외부환경 분석 도구 중 3C 분석) ① 경쟁사는 현재 ○○○ 상황이다. ② 고객 상황은 ○○○이고, ③ 자사는 ○○○ 상황이다.
Complication	①, ②, ③을 종합해보면 ○○○이 문제이다.
Question	어떻게 하면 이 문제를 해결할 수 있을까? ———— × 어떻게 하면 ○○○○○의 문제를 해결할 수 있을까? ———— ○
Answer	이 문제는 △△△△△ 하면 된다.

위 양식을 실제로 사용한 사례는 아래와 같다.

Situation   경쟁사 A는 레드 계열 파스텔 톤을 핵심 컬러로 이번 봄 신상품을 준비 중이라고 한다. 고객은 원색 보다는 파스텔 톤 컬러를 선호하는 경향이 높다는 조사 결과가 이를 뒷받침 한다. 자사는 이번 봄상품에 핑크와 옐로 계열 파스텔 톤을 메인 컬러로 하는 투 톤 컬러를 주력 상품으로 준비 중이다.

Complication   경쟁사와 고객, 자사 상황을 종합적으로 고려한 결과, 자사 투 톤 컬러 상품 전략은 위험 부담이 크다.

Question   어떻게 하면 위험 부담을 낮출 수 있을까? (×)
어떻게 하면 투 톤 컬러를 주력 상품으로 경쟁우위를 차지할 수 있을까? (○)

Answer 이 문제 해결(안)은 투 톤 컬러가 원 톤 컬러 보다 더 자연친화적 인간미를 드러낸다는 메시지를 전략적으로 쓰는 것이다. 이 메시지는 마케팅 4P(Price 가격, Promotion 판촉, Place 유통, Product 상품) Mix 중 '프로모션'을 선제적으로 실행하고, 판매 경로를 온라인으로 집중하는 것이 핵심이다.

Answer 즉, 해결(안) 다음으로 실행계획(action plan: 투입 인원, 예산, 일정, 결과이미지, 성과지표)을 붙이면 문제해결 요약 보고서 또는 1페이지 보고서로 쓸 수 있다.

스포츠경향 이용균 기자는 2013. 3. 25.(월)자 '베이스볼 라운지' 칼럼, '다크호스 넥센(현 키움)의 유쾌한 실험'이란 글을 썼다. 이 칼럼이 특별한 이유는 내용 보다는 글을 쓰고 전개한 구조에 있다. 요컨대 S-C-Q-A 틀을 빌어 칼럼을 쓴 것이다. 이런 일은 흔한 일이 아니다. 이례적인 만큼 매우 고무적인 시도다. 이 기자가 쓴 이 칼럼을 몇 차례 읽는 것만으로도 S-C-Q-A 프레임을 쉽게 익힐 수 있을 뿐만 아니라, 동시에 문제해결 연구회가 쓰는 S-Is-Q-A 프레임까지 자연스럽게 익힐 수 있기 때문이다.

우선 이용균 기자가 S-C-Q-A를 어떻게 활용했는지 볼 필요가 있다. 2013년 당시 넥센 프로야구 팀 시범경기장을 방문한 기자에게 타격 훈련을 돕는 배팅 게이지가 2개 설치된 것이 눈에 띄었다. 배팅 게이지 1개를 쓰는 타 팀과 사뭇 다른 풍경이기 때문이다. 그 이유를 감독에게 물었다고 한다. 하나는 투수가 공을 정상으로 던지는 기계이고, 다른 하나는 타자가 공을 때리기 어렵게 공을 던지는 기계라는 것이다. 기자는 이 사실을 근거로 칼럼을 썼다. 주요 내용을 요약하면 다음과 같다.

Situation 넥센이 지난 시즌 4강에 실패한 것은 시즌 중후반 타선 집중력 부족 때문이었다. 홈런으로 한두 점은 뽑았지만 한 이닝 대량 득점, 빅이닝이 부족했다.

Complication 빅이닝을 만들기 위해서는 어쨌든 플레이를 이어가야 했다. 안타가 나오지 않더라도 계속해서 주자가 진루해야 한다. 이를 위해서는 볼 카운트가 몰리더라도 어떻게든 공을 페어 지역으로 바운드시켜야 한다.

Question 그럼 어떻게 나쁜 공을 칠 것인가?

Answer 나쁜 공을 때리는 훈련도 하는 게 답이다.

S-C-Q-A는 이용균 기자도 칼럼에서 언급했듯이 맥킨지 컨설팅에서 일한 바 있는 바바라 민토가 창안한 논리적 글쓰기 프레임이다. 자신의 책 〈논리의 기술〉에서는 효과적인 커뮤니케이션을 위한 4단계 글쓰기로 소개하고 있다. 4단계라 함은 상황을 먼저 인식(Situation)하고 그

세부사항을 따진 뒤(Complication) 적합한 질문(Question)을 통해 해결책(Answer)을 찾아내는 방식을 말한다. 다카스기 히사타가가 주장한 '신속한 문제해결법'과 비슷한 전개이다.

하지만 S-C-Q-A 이 4단계는 엄밀하게 말하면 논리적인 글쓰기 도입부에 불과하다. 흔히 '결론부터 말하라!'라는 말을 하곤 하는 데, 여기서 말하는 '결론'이 S-C-Q-A 중 네 번째 단계 인 'Answer' 부분을 말하는 것이다. 그 다음 이 결론에 대한 근거를 제시하고, 제시한 결론이 논리적으로 타당하다라는 점을 전개하는 부분이 몸체인데, 이 몸체가 그 유명한 '민토 피라미드(Minto Pyramid)'이다. 민토 피라미드를 구성하는 논리는 수직 구조와 수평 구조가 있다. 수직 구조는 '무엇(What)', '왜(Why)', '어떻게(How)'로 질문하고 답하는 형식이고, 수평 구조는 'WHAT - WHY - HOW' 내용이 이치에 맞는지를 따지는 방식으로 연역과 귀납으로 전개하는 구조이다.

이런 구조적 이점을 문제정의 기술 방법에 접목한 것이 S-Is-Q-A이다. 바바라 민토는 'Answer' 부분을 결론으로 삼았다면, 문제해결연구회는 'Answer' 부분을 '문제정의'로 바꾸고, 이 문제정의 기술 방법으로 이치를 따지는 방식인 연역과 귀납을 활용했다.

그림 3-7   민토피라미드와 문제해결 프로세스

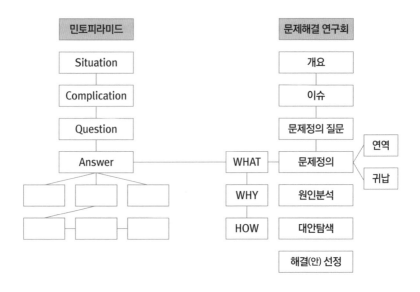

이용균 기자 칼럼을 연구회 방식으로 문제정의 기술 방법을 익히는 용도로 활용하면 아래와 같이 쓸 수 있다.

문제정의 기술: 연역

◆ **대전제(일반적 사실):** 팀이 승리하기 위해서는 빅이닝을 만들어야 한다.

◆ **소전제:** 상대 팀 투수가 던지는 나쁜 공을 쳐서 진루하고 상대 팀 보다 한 번 더 홈으로 들어오면 팀은 승리한다.

◆ **결론(구체적 사실):** 따라서, 나쁜 공을 잘 치고 진루하는 빅이닝을 만들어 야 한다.

이 결론을 토대로 한 문제 정의문은 '(지난 시즌에는) 나쁜 공을 잘 치지 못한 것이 문제다.'라고 쓸 수 있다.

그림 3-8   문제정의 연역

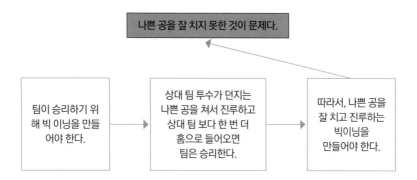

문제정의 기술: 귀납

◆ **사실 1:** (구체적 사실: 감독 인터뷰 결과) 지난 시즌 팀은 타선 집중력이 부족했다.

◆ **사실 2:** (구체적 사실: 감독 인터뷰 결과) 득점 기회에서 상대 투수는 타자가 치기 어려운 공을 던진다.

◆ **사실 3:** (구체적 사실: 감독 인터뷰 결과) 상대 팀을 압도하는 빅이닝을 만들지 못했다.

◆ **결론**(일반적 사실): 팀 승리를 위해서는 득점 기회 때 나쁜 공을 잘 쳐서 진루해야 한다.

이 결론을 토대로 한 문제 정의문은 '(지난 시즌) 팀 타자들은 상대 팀 투수가 던지는 나쁜 공을 잘 치지 못한 것이 문제다'라고 쓸 수 있다.

그림 3-9 문제정의 귀납

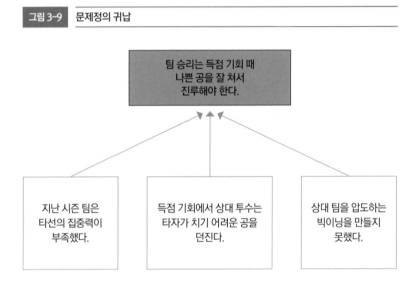

문제정의 실전 사례 **연역으로 문제정의**

문제해결 워크숍에 참석한 A팀은 '공익광고 활용 이미지 쇄신'을 바람직한 상태로 기술했다. 현 상태는 '사회적 이미지가 좋지 않다'로 썼다. 두 상태 간 차이 즉, '사회적 이미지가 좋지 않은 것이 문제다'라고 현 상태를 그대로 문제 정의문으로 기술했다. 이를 수정·보완하면 문제정의 기술 방법을 익힐 수 있다.

해결에 집중하라

바람직한 상태

① '공익광고 활용의 이미지 쇄신'은 '해결(안)'에 가깝다. '공익광고를 활용하면 이미지를 쇄신할 수 있다'라는 뉘앙스가 깔려 있기 때문이다.

② '상태(狀態)'는 '사물·현상이 놓여 있는 모양이나 형편'이란 뜻이다. 주로 '것'이라는 의존명사를 써서 상태를 표현한다. '공익광고 활용의 ~'이라는 문장은 조건에 가깝고 문제 정의문으로도 적합하지 않다. 여기에는 '~을(를) 위한', '~에 대한'이라고 쓰는 문장도 포함한다.

③ '~것'을 써서 상태를 드러내는 문장은 단문이 적격이다. 처음 쓴 문장을 여기에 맞춰 다시 쓰면 '공익광고를 활용하는 것'과 '이미지를 쇄신하는 것'으로 나눌 수 있다. 이렇게 두 문장으로 나눈 후 읽어 보면 '광고를 하는 것'과 '이미지를 쇄신하는 것'은 서로 다른 의미라는 것을 알 수 있다. 하지만 '이미지를 쇄신하는 것'은 바람직한 상태이기보다는 바람직한 상태로 가는 과정에 가깝다. 바람직한 상태는 '이미지를 쇄신한 그 후 상태'여야 한다는 말이다.

그럼 '현 상태'는 어떻게 쓸까? 바람직한 상태와 결을 맞춰 쓰면 된다. 이를테면 '공익광고를 활용하는 것'이 바람직한 상태라면, 현 상태는 '공익광고를 하지 않았다'쯤으로, '긍정적인 기업 이미지'는 '기업의 사회적 이미지는 부정적이다'쯤으로 쓸 수 있다.

하지만 문제정의문을 작성할 때, '바람직한 상태'는 좀 더 구체적일 필요가 있다. 이를테면 '긍정적인 기업 이미지'는 추상적이다. '친밀한 기업 이미지를 만드는 것'을 바람직한 상태로 쓰면, '문제 정의'는 좀 더 명확해진다.

이를 토대로 A팀 실습(안)을 수정·보완하면 문제정의문은 다음과 같다.

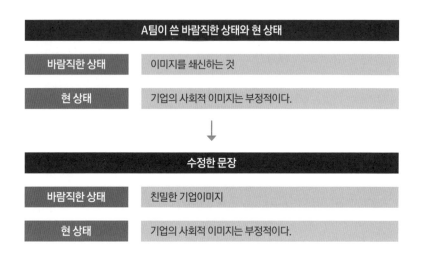

바람직한 상태와 현 상태를 기술한 후 두 상태 간 '차이'를 드러내 문장으로 쓴 것이 '문제정의문'이다. 이 차이를 드러내는 방법으로 연역법을 활용하는 것이 문제해결 연구회가 쓰는 방법이다.

연역법은 '일반적 사실에서 구체적 사실을 이끌어 내는 것'이다. 좀 세련된 말로 표현하면 두 명제(대전제와 소전제)는 모두 일반적 사실이어야 한다는 것이다. 여기서 말하는 '일반적 사실'은 '옳다고 믿고 따르는 상식 또는 진리'이다. '바람직한 상태'와 '현 상태'는 바로 이 범주여야 한다. 연역법으로 문제정의문을 쓰기 전 연역 원리를 익힐 필요가 있다.

해결에 집중하라

그래야 문제정의문 기술이 수월하다.

연역법 원리	
대전제	사람은(A) 죽는다(B).
소전제	소크라테스(C)는 사람이다(A).
결론	(그러므로) 소크라테스는(C) 죽었다(B).

'소전제'는 문제정의를 위해서 중요한 부분이다. 대전제를 조건으로 자신이 내세우고 싶은 의견(또는 명제)이기 때문이다. 이는 '소크라테스는 사람이다'라는 대전제와 그 결을 같이 해야 한다. 또한 결론이 곧 문제정의문은 아니다. 문제정의문은 결론을 부정한 상태이다. 다시 말해 바람직한 상태와 현 상태 간 '차이'는 결론을 부정한 상태를 뜻한다. 이 점을 A팀 문제정의문 기술 과정에 대입하면,

연역으로 문제정의문 기술

◆ **대전제:** 이미지를(A) 쇄신하는 것(B)

◆ **소전제:** 부정적인 기업 이미지가(C) 있다(A).

◆ **결론:** 부정적인 기업 이미지를(C) 쇄신하는 것(B).

   → 문제정의문은 '부정적인 기업 이미지를 쇄신하지 않은 것이 문제'이다. 이상한 점은 특별히 없다. 하지만 '부정적인 이미지'가 '무엇(WHAT)'

인지가 분명하지 않다. 추상적인 문제 정의문이 되었다. 이는 대전제를 좀 더 구체화시키는 것으로 수정하면 문제 정의문은 이전보다 분명해진다.

연역으로 문제정의문 기술 ———————————— 수정 1

◆ **대전제:** 기업 이미지는(A) 고객 관계에서 친밀해야 한다(B).

◆ **소전제:** 부정적인 기업 이미지가(C) 있다(A).

◆ **결론:** 부정적인 기업 이미지는(C) 친밀한 기업 이미지로 쇄신해야 한다(B).
　　 → 문제정의문은 '기업 이미지가 친밀하지 않은 것이 문제다'라고 쓸 수 있다.

　이 맥락에서 '대전제'를 '바람직한 상태'로, '소전제'를 현 상태로 바꿔쓰면 문제정의 기술 과정이다.

연역으로 문제정의문 기술 ———————————— 수정 2

◆ **대전제가 곧 바람직한 상태:** 기업 이미지는(A) 고객 관계에서 친밀해야 한다(B).

◆ **소전제가 현상태:** 청소년 층에게 기업의 사회적 이미지는(C) 중요하다(A).

◆ **결론:** (그러므로) 청소년 층에게 기업은(C) 사회적 이미지를 쇄신해야 한다(B).
　　 → 문제정의문은 '청소년 층에게 기업의 뚜렷한 사회적 이미지

가 없는 것이 문제다'이다.

이처럼 '바람직한 상태'와 '현 상태'를 명제화하고 두 상태 간 차이를 기술하는 방식을 문제해결 연구회는 '연역으로 문제정의문 기술 방식'으로 부른다. 이는 S-Is-Q-A 방식과 차이가 있다. 연역 방식은 '바람직한 상태' 기술이 먼저인 반면, S-Is-Q-A 방식은 사실 수집이 먼저다. 이 점은 '사건'을 다루는 사고 방식 차이라고 할 수 있다. 문제해결 연구회는 '연역 방식'을 'WHY SO?' 전개로, S-Is-Q-A 틀을 'SO WHAT?' 전개로 부르기도 한다.

◆ 'WHY SO?' 전개: '사건 발생 → 바람직한 상태(대전제) → 현 상태(소전제) → 결론 → 문제정의' 순이라면,
◆ 'SO WHAT?' 전개: 사건 발생 → 사실(fact) 수렴 → 이슈 → 질문 → 문제정의(결론)

'WHY SO?' 전개는 '탑 다운(Top-Down)' 업무에 유리하고, '개선형 문제 해결'이다. 반면 'SO WHAT?'은 '버텀 업(Bottom Up)' 업무로 '발견형 문제 해결'에 가깝다. 주로 기획·제안 업무 할 때 적용하면 안성맞춤이다. 하지만 이 두 방식은 개별적으로 쓰지 않는다. 바바라 민토 역시 이 점을 중요하게 여겨, '연역으로 전개(WHY SO?)하고, 귀납으로 증명(SO WHAT?)하라'라고 말했다. 문제해결 연구회는 이 말을 이렇게 쓴

다. S-Is-Q-A 로 문제정의하고, 연역으로 검증해야 한다고 말이다.

문제해결 워크숍 후기로 가장 빈도수가 높은 낱말은 '어렵다'라는 반응이다. 이는 연역으로 하는 문제정의문 기술이 어렵다는 말이다. '문제정의 기술이 낯설기 때문에 어렵다'라는 말로 위안 삼을 수만도 없다. 이 고민을 듣고 있던 이병훈 쇼 밸류 소장(문제해결 연구회 수석 연구원)이 자기 경험을 들어 한 말이 있다. '연역 원리를 설명하고, 그 전개 방법을 따라 문제정의문을 쓰는 것을 어려워한다. 해서 차라리 '한 문장으로 써 보라'라고 했더니, 쉽게 쓰고, 그렇게 쓴 문장을 문제정의문으로 써도 문제해결을 전개하는 데 큰 무리가 없었다'라는 것이다. 요컨대 경험과 직관을 앞세워 문제정의문을 기술한 셈이다. 이 방식은 귀납 원리에 가깝다. 이 귀납 원리를 쓴 문제정의문이 연역으로 검증할 수 있다면, 이 '한 문장으로 문제정의문 기술'은 문제해결 워크숍에서 요긴하게 쓸 수 있다. 다음은 이병훈 소장이 맡았던 문제해결 워크숍 사례이다.

문제정의문 한 문장으로 쓰기

◆ **사실 1:** 순손실(2553억 원)이 발생한 ○○○사가 2년 연속 성과급을 지급했다.

◆ 사실 2: 영업이익이 줄어든 ○○○사가 2년 연속 성과급을 지급했다.

◆ 사실 3: 부채 비율이 증가한 ○○○사가 2년 연속 성과급을 지급했다.

◆ 문제정의문: ○○○사가 성과급을 지급한 것은 문제다.

이병훈 소장이 쓴 문제정의문 기술 방식인 귀납은 한 가지 결점이 있다. 결론이 각 사실과 일치하고 참일지라도, 그 결론은 참에 가깝다는 것일 뿐, 거짓이 될 가능성도 포함하고 있다는 점이다. 즉, '참'일 수 있는 개연성(확률)이 높을 뿐이라는 것이다. 요컨대 '○○○사가 성과급을 지급한 것'이 '문제'일 수도 있고 아닐 수도 있다는 말이다.

귀납으로 얻은 문제정의문을 쓰려면, 연역으로 논증한 후 문제정의문이 '참' 임을 증명한 후 써야 한다.

이를 검증하는 연역

◆ 바람직한 상태: 순손실이 발생하면 성과급은 없다.

◆ 현 상태: ○○○사는 순손실이 발생했다.

◆ 결론: ○○○사는 성과급이 없다.

◆ 문제정의문: ○○○사는 성과급을 지급한 것이 문제다.

이 둘의 관계를 피라미드 구조로 정리한 것이 〈그림 3-10〉이다.

그림 3-10　연역으로 검증

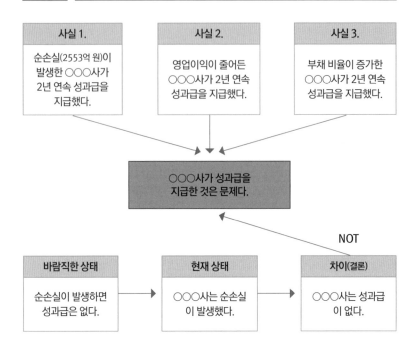

'한 문장으로 문제정의문 쓰기' 방식은 발생한 사건으로부터 사실을 수집한 후 수집한 사실들 간 공통 단서를 찾는 것이 핵심이고, 발견한 단서는 '한 문장 쓰기'가 핵심이고, 그대로 문제정의문으로 쓴다. 곧이어 귀납으로 쓴 문제정의문을 연역으로 논증하여 '참'임을 밝히는 것까지 하면 '문제정의문 기술 방법'으로 써도 무방하다. 하지만 이 논증을 하는 일은 쉽지는 않을 터, 실제 문제해결 워크숍에서는 '한 문장으로 쓰기'까지를 참여자가 하고, 논증은 퍼실리테이터가 하면 '어렵다'라는 말 대신 '쉽고 재밌고 깊이 있다'라는 반응이다. 이 소장에게 실마리를 얻어 쓴 이 방법은 분명 효과가 있었다.

문제정의 실전 사례 **5W2H 활용**

5W2H는 '신속하게 보고할 때', '기획을 할 때' 사건·상황을 정리하는 도구이다. 낱말을 배우고 문장을 익힐 때 5W1H를 처음 배웠고, 일기 쓰기는 5W1H를 익히는 훈련이었다. 하지만 일을 하는 입장에서 쓰는 비즈니스 실용문은 'HOW MUCH'를 포함한 '5W2H'다. 'HOW'만으로도 부족하다는 얘기다. '기획', '보고'에서 'HOW MUCH'를 빼면 사건을 객관적으로 들여다볼 수 없고, 효율성은 물론 목표를 정하는 데도 애를 먹는다. 5W2H 주요 구성 요소는 다음과 같다. ('미드_2' 블로그 인용).

WHEN	WHERE	WHO	WHAT	WHY	HOW	HOW MUCH
Time Line	Space	Stakeholder	To do list	Standard	Process	Cost & Q'ty
1. 시간의 흐름 2. 기간 3. 언제부터, 언제까지	1. 행해지는 공간 2. 장소 3. 어디에서 4. 어디로부터	1. 이해관계자 2. 정보수집자 3. 책임자 4. 누구로부터 5. 누구에게	1. 준비사항 2. 화제·주제 3. 쟁점·사안	1. 기준·이유·근거 2. 규칙·원칙 3. 역할 4. 입장·처지	1. 과정·절차 2. 방법·체계 3. 기준·메뉴얼	1. 소요비용 2. 소요수량

문제해결 연구회는 이 5W2H 구성요소를 S-Is-Q-A 틀과 연계하여 쓰곤 한다. 주로 '개요'를 쓸 때와 '이슈' 도출을 할 때 참고한다. 이를테면 개요는 특정한 사건을 기술하는 것이니 만큼 5W2H 관점은 탄탄한 문장 쓰기를 돕는다. 이슈를 도출할 때는 5W2H를 구성하는 구성 요소를 속속들이 알아 둘 필요가 있다. 사건으로부터 '한 번쯤 생각해 볼 만한 것'을 5W2H를 구성하는 요소가 그 몫을 해 줄 수 있기 때문이다.

이를 익히는 사례로 뽑은 것이 2012년 월마트와 타겟 간 ROIC[1](투하 자본수익률) 비교를 토대로 문제정의문을 작성하는 워크숍이다. 두 기업 ROIC를 비교한 후 타겟이 해결해야 할 문제를 정의하는 것이다.

월마트와 타겟 ROIC 비교, 5W2H 표로 정리

WHEN	WHERE	WHO	WHAT	WHY	HOW	HOW MUCH
Time Line	Space	Stake -holder	To do list	Standard	Process	Cost & Q'ty
2012년 성과	–	–	ROIC 13.1%	① 매출이익률 69.1% -판매관리비 19.1% ② 운전자본비율 - 1.64% ③ 고정자본비율 - 20.72%	① 월마트 정보시스템 -노세일 ② 공급자 가치사슬 ③ 매장관리 비용	① 광고비 ② 관리비 ③ 임대료

〈출처: '경영전략(STRATEGIC MANAGEMENT THEORY)'
힐(CHARLES W. L. HILL 워싱턴 대학교 교수·뉴욕 대학교 존스(GRARE R. JONES) 교수, 실링(MELISSA A. SCHILLING) 교수)〉

---

1 Return On Invested Capital: 투하된 자본에 대한 순이익률: 영업활동에 투입된 자본 대비 어느 정도의 영업이익이 발생했는지를 보여준다. 실제 운영 성과에 맞춘 가장 좋은 수익성 지표.

월마트 ROIC

2012년 월마트 ROIC는 13.1%이다. 세부 내역으로 매출 이익률은 69.1%, 운전자본비율은 -1.64%, 고정자본 비율은 20.72%이다. 이 수치가 가능한 것은 '노세일', '공급자 가치사슬 관리'가 경쟁사 보다 탁월했고, '매장 관리비용' 역시 경쟁사 보다 낮았기 때문이다. 요컨대 경쟁사 보다 '광고비', '관리비', '임대료' 효율성이 높았기 때문이다.

타겟 ROIC

WHEN	WHERE	WHO	WHAT	WHY	HOW	HOW MUCH
Time Line	Space	Stake -holder	To do list	Standard	Process	Cost & Q'ty
2012년 성과	-	-	ROIC 10.01%	① 매출이익률 75% -판매관리비 22.24% ② 운전자본비율 - 3.10% ③ 고정자본비율 - 41.72%	① 대도시 집중 -세일 ② 공급자 가치사슬 열위 ③ 매장 내 제품 적재	① 광고비 ② 관리비 ③ 임대료

2012년 타겟 ROIC는 경쟁사인 월마트 보다 3.09%p가 낮다. 매출이익률은 높지만 판매 관리비가 월마트 보다 높다. 또한 운전자본비율과 고정자본 비율 역시 월마트 보다 높다.

a. 월마트 보다 타겟이 판매관리비가 높은 점은 한 번쯤 생각해 볼 만한 이슈이다.

b. 월마트 보다 타겟이 운전자본 비율이 높은 점은 한 번쯤 생각해 볼 만한 이슈이다.

c. 월마트 보다 타겟이 고정자본 비율이 21%p 높은 점은 한 번쯤 생각해 볼 만한 이슈이다.

문제정의 질문 월마트 보다 매출이익률이 5.9%p 높음에도 ROIC가 3.09%p 낮은 점은 문제가 있다. 그 문제는 무엇인가?

문제정의문 월마트 보다 판매관리비가 3.14%p 높은 것이 문제다.

5W2H 도구를 쓰면 특정 사건을 한 눈에 파악할 수 있고, 사건과 관련 있는 요소를 조목조목 정리할 수 있는 장점이 있다. 이 장점은 특히 이슈 도출을 할 때 편리하다. 주로 'WHAT'에 해당하는 일이 사건이고 주제인 경우가 많고, 'WHY', 'HOW', 'HOW MUCH'에 쓴 내용 대부분은 이슈로 쓸 수 있기 때문이다. 이슈가 셀 수 없이 많을 때 우선순위가 높은 것을 '문제정의 질문'으로 쓰면 된다. 이밖에도 5W2H는 WHY SO? 기법과 SO WHAT? 전개 방식과도 연결 지어 쓴 후 문제정의를 할 수 있다.

WHY SO?

WHY SO?는 결론을 먼저 내고, '왜, 그렇게 생각하는지?'를 묻는 것으로 시작한다. 몇 차례 묻고 답하는 것을 반복한 후 더는 물을 내용이 없을 때 멈춘다. 원인분석 5WHY 기법과 같이 반드시 다섯번을 물을 필요는 없다.

지금 당장은 판매관리비를 쓰지 않으면, 오히려 반품비용이 더 들 거야. 판매촉진비를 줄이는 아이디어가 필요해.	**WHY SO?** 그렇게 말하는 근거는?
그러니까, 판매관리비가 높다는 것으로 타겟은 세일을 하고, 월마트는 세일을 하지 않는 것을 알게 됐거든, 이건 뭘 말하는가 하면 '정상 가격에서 세일 가격' 차이만큼 타겟이 돈을 덜 받고, 가격을 내린 만큼을 타겟은 판매촉진비로 계산하기 때문에 일어난 문제야!	**WHY SO?** 세일이 판매 관리비를 상승시켰다는 건데 구체적인 근거는?
판매관리비 비교를 해 보니 타겟이 22.24% 월마트가 19.1%로 타겟이 3.3%p 높은 것은 그만큼 돈을 더 썼다는 얘기지. 그 결과 경쟁사인 월마트 보다 ROIC가 3.09%p가 낮아!	**WHY SO?** 판매관리비를 줄인다고 ROIC가 높아질까
물론 광고비 한 항목을 줄인다고 ROIC가 크게 개선되진 않겠지. 하지만 지금 당장 광고비를 절감할 아이디어로 판매촉진비를 개선하면서, 순차적으로 ROIC를 개선할 수 있거든.	**WHY SO?** 왜 판매관리비를 개선해야 하는 까닭을 이제 알 수 있네. 그것이 문제였네.

　　월마트 보다 판매관리비를 3.14%p 더 쓴 것이 문제다.

SO WHAT?

SO WHAT?은 발생한 사건과 관련 있는 사실을 수집한 후 분류하고, 그 사실로 부터 '그래서 하고 싶은 말은 무엇인가?'를 반복해 물으면서 문제정의를 하는 기법이다.

경쟁사인 월마트 보다 ROIC가 3.09% p가 낮다.	**SO WHAT?** 그래서 하고 싶은 말은?
판매관리비 비교를 해 보니 타겟이 22.24% 월마트가 19.1%로 타겟이 3.3% p 높은 것은 그만큼 돈을 더 썼다는 얘기지.	**SO WHAT?** 그래서 판매관리비가 더 높은 것이 어쨌다는 거야
그러니까, 판매관리비가 높다는 것은 타겟은 세일을 하고, 월마트는 세일을 하지 않는 것을 알게 됐거든, 이건 뭘 말하는가 하면 '정상 가격에서 세일 가격' 차이만큼 타겟이 돈을 덜 받고, 가격을 내린 만큼을 타겟은 판매촉진비로 계산하기 때문에 일어난 문제야!	**SO WHAT?** 그래서 판매관리비를 쓰지 말자라는 주장을 하는 것인지?
지금 당장은 판매관리비를 쓰지 않으면, 오히려 반품비용이 더 들 거야. 판매관리비를 줄이는 아이디어가 필요하다는 얘기지.	**SO WHAT?** 판매관리비가 월마트보다 높은 것이 문제라는 그런 얘기지

　　월마트 보다 판매관리비가 3.14%p 높은 것이 문제다.

'지상의 별처럼'은 2012년 개봉한 인도 영화다. 개봉 당시 이 영화에 주목한 이는 많지 않았다. 하지만 '글자가 춤을 춘다'라는 아이 말을 바라보는 어른의 엇갈린 시각이 자아내는 울림이 입소문을 탔고 7년이 지난 지금까지도 훈풍이다. 영화 소개를 하려는 것이 아니다. 문제정의 기술 방법을 쉽고 재밌게 익히는 방법을 찾던 중 영화 몇 장면이 눈에 띄었기 때문이다. 소개하는 한 장면은 사실과 사심이 섞였을 때 있을 수 있는 문제정의 기술 오류이고, 다른 한 장면은 사실을 충실하게 반영한 결과 문제해결 실마리를 제대로 찾은 사례다. 참고로 이 영화 주인공은 이샨이다. 영화 줄거리는 이샨을 둘러산 주변 인물 중 선생님과 이샨 간의 관계가 주를 이룬다. 첫 번째 사례는 사심이 있는 선생님과 이샨 간 관계이다.

사실과 사심이 섞였을 때 문제정의 기술

선생님 세 명이 이샨 부모님에게 그 동안 있었던 이샨의 학교 생활을 성토하고 있다. 이 말은 교장 선생도 함께 듣고 있다. 세 명 선생은 이샨에 대해서 한 마디씩 한다.

선생 A: "올해도 작년과 똑같아요. 책을 아주 싫어해요. 영어 쓴 걸 보면 러시아어 같아요. 자꾸 일부러 틀리고 절대 집중을 안 해요."

선생 B: "늘 화장실 보내달란 말만 하죠.'목 말라요. 화장실 보내줘요'를
　　　　반복하는 장난만 하죠."
선생 C: "시험지는 전부 빵점이에요. 이 수학 시험지 좀 보세요. 3곱하기
　　　　9가 3이래요. 딴 건 풀지도 않았죠."

　　세 선생 말은 이샨 부모에게 하는 듯 보이지만 실은 교장 선생에게
고자질하는 것이 맞다. 세 선생 의견을 들은 교장 선생은 이샨 부모에게
작심한 듯 자기 생각을 전한다.

교장: "아드님은 2년째 3학년이에요. 죄송하지만 이 상태론 더는 안되겠
　　　네요. 문제가 있는지 몰라요. 아드님은 재능이 안 되는 애들의 경
　　　우 특수학교가 있죠."

　　교장 선생 말은 이샨이 지능이 낮다고 판단한 것이다. 예컨대 이샨은
지능이 낮기 때문에 그에 걸맞은 학교에 보내야 한다는 말을 에둘러 말
한 것이다. 이 내용을 구조화 하면 다음과 같다. 세 개 사실을 토대로 결
론을 내린 교장 선생의 문제정의 방식은 SO WHAT? 전개이다.
　　하지만 영화는 왜 이샨은 재능이 없는지를 따지지 않고(원인분석), 전
학 시킨다. 전학 온 학교에서 이샨은 우울한 아이가 됐다. 적어도 이전
학교에서 말썽은 피웠지만 활달했다. 그럴즈음 이샨 앞에 미술 선생 니
쿰브가 등장한다.

그림 3-11   교장의 문제정의

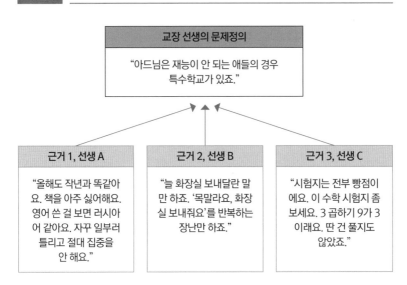

니쿰브 선생은 이샨의 행동을 유심히 관찰한 후 이샨 부모를 찾아가 만난 자리에서 이샨에 대한 새로운 사실을 전한다. 하지만 이샨 아버지는 니쿰브 선생 말을 귀담아 듣지 않았고, 되레 '이샨의 자세가 불량한 것이 문제다'라고 확신하듯 말했다. 이런 이샨 아버지 태도가 마뜩지 않았지만, 니쿰브 선생은 포기하지 않는다. 그 과정을 소개하면 아래와 같다.

니쿰브 선생: 이샨 실수에는 패턴이 있다. 반복해서 틀리는 것이 있다는 얘기다. 그 증거로 첫째, d와 b를 바꿔 쓴다. 비슷한 글자를 혼동하는 것이다. S와 R도 이와 같다. h와 t 역시 좌우를 바꿔 쓴다. 둘째, 애니멀(animal)이란 철자는 3번이나 바꿔 썼

다. 셋째, '탑(top)'과 '팝(pop)'처럼 비슷한 단어는 혼동한다. '솔리드(solid)'는 '소일드(soild)'로 쓰는 것도 이와 같다.

니쿰브 선생이 이샨 부모에게 제시한 사실을 토대로 정리하면 다음과 같다.

니쿰브 선생은 '이샨은 난독증이다'라는 확신을 갖고
'WHY SO?' 전개 방식으로 이샨 부모를 설득했다
(교장 선생 결론 도출 방식과 화살표 방향이 다름).

그림 3-12 니쿰브 선생의 문제정의

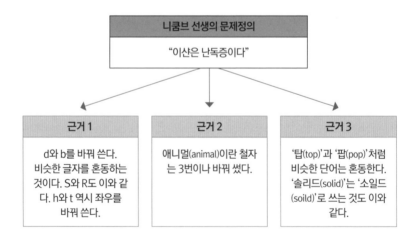

이 영화 소개 글 중 '글자가 춤을 춘다'라는 말은 사실 이샨이 난독증이라는 사실에 대한 복선이었고, 니쿰브 선생은 이를 증명하는 역할이

해결에 집중하라

었다. 니쿰브 선생의 이 같은 문제정의 노력은 돋보였지만 영화는 이샨이 난독증에 걸린 원인을 찾지는 않고, 이샨이 난독증을 극복하는 방편으로 그림을 선택하고, 한 편의 그림을 완성하는 과정을 보여주는 것으로 영화는 끝난다. 선생과 제자 간 실화를 영화화 한 것이니 만큼 이샨이 난독증에 걸린 원인을 찾는 일은 중요한 흐름이 아니다. 하지만 원인이 궁금했다.

그림 3-13 │ 원인분석

문제정의	이샨은 난독증에 걸린 것이 문제다
1st WHY	"이샨은 왜 난독증에 걸렸습니까?"
	"글자를 정확하게 배우지 못했기 때문에"
2nd WHY	"왜, 글자를 정확하게 배우지 못했습니까?"
	"글자 배우는 것에 흥미를 잃었기 때문에"
3rd WHY	"왜, 글자 배우는 데 흥미를 잃었습니까?"
	"글자를 배울 때마다 혼났기 때문에"
4th WHY	"왜, 글자 배울 때마다 혼이 났습니까?"
	"철자를 계속 틀렸기 때문에"
5th WHY	"왜, 철자를 계속 틀렸습니까"
	"틀린 철자를 친절하게 가르쳐 준 사람이 없었기 때문에"

문제해결 연구회가 이 문제정의를 시작으로 이샨이 난독증에 걸린 원인을 분석했다. 그 결과 핵심원인은 '이샨이 철자를 잘 못 쓸 때마다 잘 못 쓴 철자를 친절하게 가르쳐 준 사람이 없었기 때문'이라는 분석 결과를 얻었다. 그러고 보니 세 명 선생과 교장 선생, 이샨 아버지 태도가 핵심원인을 실제적으로 검증하는 역할로 보였다. 이샨이 난독증에 걸린 문제 원인은 5WHY 기법으로 핵심원인을 도출했다.

이 영화 '지상의 별처럼'은 '아마르 칸'이 감독과 니쿰브 선생 역을 맡았다. 그가 문제 해결 절차를 주요 뼈대로 놓고 이 영화를 완성했다고는 할 수 없다. 하지만 영화 초반부에 등장한 세 명 선생과 교장 선생이 낸 결론은 잘못한 문제정의 사례이다. 반면에 니쿰브 선생은 세 명 선생과 교장 선생이 접근한 방식과는 달랐다. 가장 크게 드러난 것이 이샨 행동을 선입견을 갖지 않았고, 비교하지 않은 점이다. 니쿰브 선생의 이런 문제인식은 사실 중심 사고로 볼 수 있다. 게다가 이샨 눈높이에서 부단히 문제정의를 시도하고, 해결하려는 노력을 게을리 하지 않은 점도 돋보인다. 이런 점을 감안할 때 '지상의 별처럼'이라는 영화는 문제정의 방법은 물론 문제해결 전 과정을 유익하게 익힐 수 있는 영화로 손색이 없다. 영화판 문제해결 교범으로 추천한다.

후지제록스 뉴질랜드 법인과 호주 법인 회계부정 사건 ──

2018년 1월, 뉴욕타임스(NYT)는 '후지필름이 제록스를 인수한다'라고
보도했다. 1906년 설립, 1938년 체스터 칼슨에게 복사 기술 특허권을
사들였고, 1959년 사무용 복사기를 개발한 114년(2020년 기준) 역사를
자랑하는 제록스이다. 이를 두고 '기술 기반 회사는 높이 날 수는 있어
도 다음 돌파구를 찾지 못하면 무너진다는 선례'라고 뉴욕타임스(NYT)
는 평가했다. 하지만 제록스는 후지필름과 합병 파기를 발표했고, 후지
필름은 '합병 파기'에 따른 손해배상 청구 소송 중이다.

'제록스 인수합병'을 진두지휘 한 인물은 '고모리 시게타카' 후지필름
홀딩스 회장 겸 최고경영자(CEO)이다. 고모리 회장은 2003년 후지필름
최고경영자 자리에 부임한 이래 필름 사업을 과감히 접고, 필름 제작 공
정 원천 기술을 바탕으로 '화장품·의료장비·의약품'을 만들어 후지필름
혁신을 주도했다. 이런 그가 후지필름 홀딩스 회장이 된 배경에는 2017
년 후지제록스 뉴질랜드 법인과 호주 법인 회계 부정 사건 때문이다.

두 법인이 저지른 회계부정 사건으로 인한 손실액은 375억 엔이다.
이보다도 더 경악할 일은 지난 6년 간 회계 부정을 지속한 점이다. 결국
당시 후지제록스 야마모토 타다히토 회장은 물러나고, 고모리 시게타카
후지필름 사장을 이사회는 회장으로 추대했다.

사실 이 사건은 뉴욕타임스 보도와는 다르게 국내 언론은 단신 보도
했고, 과도한 실적 경쟁이 낳은 한 개인 일탈로 취급한 정도다. 틀린 진

단은 아니다. 회계 부정 사건 대부분은 사사로운 이익을 취하려는 한 사람의 탐욕을 원인으로 지목하는 것이 보편적이기 때문이다. 2001년 에너지 기업 엔론 사, 2002년 국제 장거리 전화 사업체 월드컴, 보안 시스템 개발사 타이코 인터내셔널, 2008년 리먼 브라더스 홀딩스(Lehman Brothers Holdings Inc.,) 파산 모두가 이 맥락이다.

회계 부정은 분명한 범죄다. 부당한 방법으로 기업이 이익을 취하는 일은 시장을 교란하고, 투자를 위축시킬 뿐만 아니라 삶의 질을 저하시키기 때문이다. 이런 회계 부정의 대표적인 일이 분식회계(粉飾會計)다. 이 말은 일본에서 건너온 말이다. 회계 장부 수치를 '마네킹에게 예쁜 옷을 입히는 것(window-dressing in account)'과 같다 해서 이를 빌어 사회적으로 '회계 부정(account fraud)' 의미로 쓴 것이 말의 유래다. 앞서 소개한 기업 모두는 바로 '회계 부정(accounting fraud)'을 저지른 것이다.

회계 부정 원인을 한 개인 일탈 또는 탐욕으로 얘기하곤 하지만 놓친 부분이 있다. 그것은 구조적인 문제라는 점이다. 요컨대 기업 구조가 회계 부정을 부추키고 있다면 회계 부정 책임을 개인에게 뒤집어 씌우는 일은 너무 잔인하다. 그렇다고 사사로운 이익을 취할 목적이 분명한 개인을 옹호하는 것은 아니다. 이런 문제인식에서 후지제록스 뉴질랜드 법인과 호주 법인 회계 부정 사건을 이정표 삼으면 분식 회계와 관련한 새로운 사실을 알 수 있기 때문이다. 역시 문제해결 연구회에서 이 작업을 실행했다.

해결에 집중하라

1. 개요 　오후 3시 후지필름 홀딩스는 기자회견을 열고 회계 부정으로 인한 순손실이 220억엔에서 375억엔으로 증가했으며, 이와 관련 자회사인 후지제록스 뉴질랜드와 호주법인에서 발생한 회계 부정 사태에 대한 책임을 지고 야마모토 다다히토 후지제록스 회장을 비롯한 주요 임원들이 이달 말까지 자리에서 물러날 것이라고 발표했다(2017.06.13 증권일보 보도 기사 일부 내용 인용).

2. 이슈

a. 2010년 이후 줄곧 의도적으로 매출을 높이는 분식 회계를 일삼은 점은 한 번쯤 생각해 볼 이슈이다.

b. 뉴질랜드와 호주 법인 모두 분식 회계를 하고도 보고하지 않은 것은 한 번쯤 생각해 볼 이슈이다.

3. 문제정의를 위한 질문

a. 의도를 갖고 분식회계를 한 점, 문제(또는 의도)는 무엇인가?

b. 분식 회계 사실을 알고도 보고하지 않은 점, 무엇이 문제인가?

4. 문제정의문

◆ 회계 감독 시스템이 작동하지 않은 것이 문제다.

◆ 법인 지배 구조가 문제다.

후지제록스 뉴질랜드 법인과 호주 법인 회계 부정 사건 개요(S-Is-Q-A)는 이렇게 작성할 수 있다. 다음 절차는 원인분석이고, 한 가지 짚고 가야 할 점이 있다. 회계는 전략 경영에서 특별하다. 상상력과 텍스트를 기반으로 한 사고력 보다는 숫자를 토대로 한 의미와 해석을 하는 일이다. 특히 회계 부정 원인이 재무 구조 측면이면 여러 지표에 대한 이해는 필수이다. 이 점을 보완하는 방법은 회계 전문가 도움을 받거나 또는 회계 부정과 관련한 정보를 이해한 후 원인 분석을 하는 것이 이롭고 수월하다.

문제해결 연구회는 후자 즉, 관련 정보를 요약 정리한 자료를 배포한 후 후지제록스 뉴질랜드 법인과 호주 법인 회계 부정 사건 원인 분석 워크숍을 개최했다.

한 논문(신현국, 2015)에 따르면 회계 부정은 '지배구조', '회계 감독', '재무구조' 관점에서 들여다 볼 수 있다. 이를 다시 분류하면 '지배구조'와 '회계감독'은 기업 회계 외적 요소로, '재무구조'는 내적 요소로 단순화할 수 있다. 참고로 금융감독원은 회계 부정 사건을 종합 분석한 결과 4가지로 분류하고 있다. 예컨대 2001년 엔론 사가 저지른 회계 부정은 '매출액 부풀리기', '부채 누락', '손실 축소' 3가지 유형이었다.

이를 참고한 세 개 워크숍 그룹이 분석한 후지제록스 뉴질랜드 법인과 호주 법인 회계 부정 원인은 '경영자에게 적정한 보상을 주지 않았기 때문이다'와 '처벌 기준이 모호하기 때문이다', '감사인 독립성이 결여됐기 때문이다'로 파악했다. 이를 좀 더 세밀하게 분류하면 다음과 같다.

그림 4-1   회계부정 요인 로직트리 정리

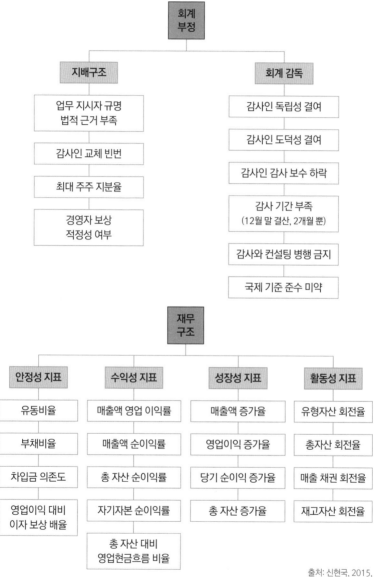

출처: 신현국, 2015,
회계부정기업의 재무구조와 지배구조 특성에 관한 연구, 박사학위 논문

첫째, '경영자에게 적정한 보상을 주지 않았기 때문이다'라는 원인은 '법인 지배구조가 문제다'라는 문제 정의에 따른 분석 결과다.

둘째, '처벌 기준이 모호하기 때문이다'라는 원인과 셋째, '감사인 독립성이 결여됐기 때문이라'라는 원인은 '회계 감독 시스템이 제대로 작동하지 못한 것이 문제다'라는 문제 정의에 따른 분석 결과다.

워크숍을 통해 얻은 후지제록스 뉴질랜드 법인과 호주 법인 회계 부정 사건 원인은 '매출 실적주의가 빚은 한 개인의 일탈' 외에도 구조적으로는 '경영자 보상 적정성 여부', '회계 부정 시 처벌 기준이 모호한 점', '감사인 독립성이 결여된 점'도 함께 들여다 봐야 한다. 또한 재무 구조 관점에서 드러난 원인인 '매출 부풀리기'까지 종합해야 회계 부정 사건을 올바르게 문제 해결 할 수 있다.

여기에 한가지 덧붙이면 회계 부정 사건은 개인의 탐욕이 빚은 참극인 것은 한편으로 이해할 수 있다. 하지만 여기에서 그치면 안된다. 한발 더 들어가 탐욕을 부추기거나 탐욕을 외면하는 기업 구조적 문제는 없는지까지 살펴야 한다. 사실 문제 해결을 익히는 까닭은 바로 이 점 때문이다. 그런 면에서 원인분석은 소홀히 다룰 수 없는 문제 해결 절차 중 가장 중요한 활동이다. 문제 해결 연구회가 원인 분석 활동에 40% 이상 에너지를 쏟으며 연구하는 이유도 여기에 있다.

해결에 집중하라

고마쓰 제작소 사례로 원인 분석 방법론 예열하기 ──

고마쓰 제작소(小松製作所·KOMATSU)는 불도저를 만드는 세계 2위 회사다. 1917년 자가용 기계 생산을 위해 '고마쓰 철공소'를 개설하면서 시작했고, 1921년 불도저 국산화에 성공한 후에 현재 회사명으로 바꿨다. 하지만 대중 인지도는 높지 않다. 건설 중장비를 만든 탓이 크다. 그럼에도 백 년 기업이 된 데에는 '독특한(Unique)' 이유가 분명 있다.

1951년 고마쓰 제작소는 본사를 도쿄(東京)로 옮겼다. 주력 제품인 불도저 해외 판매를 위한 포석이다. 곧바로 세계 1위 불도저 생산 업체인 캐터필러 사를 따라잡기 위한 품질 개선 활동을 펼친다. 그때 일이다. 해외 시장에 내놓을 불도저를 개발했고, 시범운영 중에 공기 압축기를 고정 시키는 네개 볼트 중 하나가 절단나는 사고가 발생했다. '볼트가 가늘기 때문'이라는 원인 분석 결과가 나왔고, 볼트를 굵은 것으로 즉시 교체했다. 하지만 이번에는 철판에 균열이 생겼다. 철판 두께가 얇아 두꺼운 철판으로 교체했지만, 공기 압축기(콤프레샤)와 고정판 세트를 처음 위치에서 조립할 수 없었다. 오랜 숙원 사업이 눈앞에서 침몰하는 듯한 침울한 분위기가 고마쓰 제작소를 덮었다. 하지만 고마쓰는 납득할 만한 이유를 찾을 때까지 '원점 재검토'를 선택했다.

고마쓰는 '모노즈쿠리(物作り·물건 만들기) 정신'을 되새겼다. '왜(WHY)?'라는 질문을 쏟아냈고, 그 결과 핵심 원인을 찾았다. 이전에 찾았던 원인은 원인에서 원인을 찾은 것이었다(① → ② → ③). '인과관계'

문제	찾은 원인	조치	결과
① 볼트가 절단된 것이 문제다.	볼트가 가늘기 때문	굵은 볼트 사용	철판 균열 발생
② 철판 균열이 발생한 것이 문제다.	철판이 얇기 때문	두꺼운 철판으로 교체	컴프레서와 고정판 세트 조립 불가
③ 컴프레서와 고정판 세트 조립이 불가한 것이 문제다.	…	원점 재검토	…

를 간과했다. 이를테면 핵심 원인을 찾으려면 '볼트는 왜 절단됐을까?'라는 질문보다는 '철판에 균열이 왜 생긴 것일까?'여야 한다. 이 질문으로부터 5WHY를 전개한 끝에 고마쓰 제작소는 '진동'이 핵심 원인 임을 밝혔다.

고마쓰 제작소 사례는 지금은 고인이신 조중완 선생의 연재 글 '누구나 알면 유익한 품질경영(品質經營: Quality Management) 이야기' 중 '5WHY'의 중요성을 강조한 부분이다. 이어 선생께서는 '근원적인 불량 원인'을 찾는 일은 '왜(WHY)'라는 질문을 3~5번은 해야 함은 물론 광범위하게 '왜(WHY)'를 반복하는 것이라고 밝혔다.

이 사례는 사실 '왜(WHY?)'라는 질문이 원인 분석 활동 시 중요한 핵심어라는 점을 상기 시킨다. 게다가 '5WHY' 기법이 그 중심에 있음을 말해준다. 하지만 아쉬운 점이 있다. '볼트 절단' 핵심 원인으로 밝혀진 '진동'까지 과정을 알 수 없는 점이다. 이는 제품을 구성하는 중요 알고리즘이 외부에 알려지는 것을 최소한 데 따른 안전장치일 것이다. 아쉬운 점은 분명 있지만, 원인 분석 활동 핵심인 5WHY를 익힐 수 있는 전략 경영 사례는 많지 않은 점을 감안해서 핵심 원인을 밝힌 5WHY 과정을 추론하는 것이 의미가 크겠다 싶어 시도했다. 문제해결 연구회가 이 일을 맡았다.

1. 개요   1951년 고마쓰 제작소는 세계 1위 불도저 제작업체 캐터필터 사와 견줘도 손색 없을 제품을 만들고 있었다. 제품 출고 전 시범 운전을 하던 중 공기 압축기(콤프레샤)를 고정하는 네 개 볼트 중 한 개 볼트가 절단 났다.

2. 이슈

a. 공기 압축기 고정판 압력이 기준치 이상인가 아니면 이하인가 이 점은 한 번 생각해 볼 이슈이다.

b. 공기 압축기 고정판 볼트는 규격 제품인지 그렇지 않은지 이 점은 한 번 생각해 볼 이슈이다.

c. 공기 압축기 자체가 불량품이라면, 이 점은 한 번 생각해 볼 이슈이다.

3. 문제정의를 위한 질문   공기 압축기 고정판을 고정하는 볼트는 규격 제품이다. 하지만 볼트가 절단났다. 무엇이 문제인가?

4. 문제정의문   공기 압축기 고정판 균열이 문제다.

5. 원인 분석 5WHY

5WHY 시작 질문: 왜, 공기 압축기 고정판에 균열이 났습니까?

문제	5WHY	답변	비고
공기 압축기 고정판에 균열이 발생한 것이 문제다.	1st 왜, 철판에 균열이 생겼을까?	충격을 받았기 때문	질문의 답변은 여러개이다. 그 중 검증을 거쳐 우선순위를 선정해야 하고, 우선순위가 높은 답변이 그 다음 질문이 된다.
	2nd 왜, 충격을 받았지?	공기 압축기가 철판에 강하게 부딪혔기 때문이다.	
	3rd 왜, 공기압축기가 철판에 강하게 부딪혔지?	공기 압축기를 고정하는 볼트가 풀렸기 때문이다.	
	4th 왜, 볼트는 풀렸지?	공기 압축기가 작동할 때 고정판에 고정되어 있지 않았기 때문이다.	
	5th 왜, 고정판에 고정되어 있지않았지?	배토판을 작동할 때 고정판이 흔들렸기 때문이다.	

　　고마쓰 제작소는 이와 같은 5WHY 활동을 오랜 시간 두고 했을 것이다. 그 시간이 지루했을 것이고, 자신감은 추락 중이었을 것이고 자존감마저 흔들렸을 수도 있다. 하지만 완전무결한 제품이 아니고서는 세계 1위 자리를 차지 할 수 없다는 신념이 5WHY 활동을 견디게 했다. 그 결과 시범 운전 중 발생한 '볼트 절단 현상'의 핵심 원인은 배토판(지면

을 따라 밀어 흙을 옮기는 움푹하게 패인 금속 장비, 브리태니커 비주얼 사전)이 움직일 때마다 공기 압축기를 고정하는 고정판이 흔들려 볼트가 절단 난 것이지, 볼트가 가늘기 때문도 아니었고, 고정판 철판이 얇아서도 아니었다. 당시 5WHY 분석 활동을 토대로 한 품질 개선을 하지 않았다면, 1960년 대 일본에 진출한 캐터필러 사에게 건설 기계 시장 대부분을 내줬을지도 모른다는 것이 현재까지의 평가다. 고마쓰 제작소는 현재 미국을 비롯한 유럽, 중국, 브라질 등 50여 개 나라에 현지 생산 거점을 운영하고 있다.

5WHY 원인분석 도구 5WHY

원인(原因)은 '발생한 사건 근거'를 뜻한다. 발생한 사건은 다른 말로 결과이니 원인은 '결과의 근거'가 된다. '인과관계'(因果關係)는 이를 두고 쓰는 말이다. 인과관계를 두고 과학자 뉴턴(Isaac Newton)은 '동일한 조건(원인)에서 동일한 결과가 생긴다'고 했고, 경제학자 밀(John Stuart Mill)은 '한 결과에는 다양한 원인이 있다'라고, 철학자 흄(David Hum)은 이런 인과관계를 인정하지 않았다. 세 학자 말은 모두 맞을 수도 아닐 수도 있다. 다만 흄 주장만큼은 문제해결 입장이라고 할 수는 없다. 인과 관계를 인정하지 않는다면 원인분석 활동이 의미 없기 때문이다.

원인은 '주요한 원인'과 '부차적 원인'으로 구분한다. 주요한 원인을

'필연적'(必然的·모호하지 않고 반드시 일어나는 것)이라 부르고, 부차적인 원인은 '우연'(偶然)이라고 한다. 통상 '예기치 않은 사건'을 우연이라고 한다. 하지만 문제 해결 입장은 이 우연을 주요한 원인에 도달하기 위한 '출발점' 정도로 여긴다. 단순하게 말하면 필연은 반드시 우연히 시작한다는 말이다. 만약 우연을 떼내면 어떻게 될까? 필연은 숙명론(宿命論)에 빠지고 만다. 미해결 엑스(X) 파일이 되는 것이다.

5WHY는 원인 분석 활동을 대표하는 도구이다. GE 개선 활동 중심 축이었고, 국내에서는 '프랑크푸르트 선언'으로 유명한 1993년, 삼성전자 구미공장이 '100% 양품만 만들겠습니다'라는 각오를 다진 신경영 기법으로 썼다고 전한다. 요컨대 제품 불량은 우연히 일어나는 사건으로 여긴 옛 의식을 떨치고, 필연적인 사건으로 자각 하겠다는 다짐이다. 다양한 원인 검토를 시작으로 원인의 원인, 필연 중 필연을 찾는 활동이 5WHY 철학이다. GE와 삼성전자는 바로 이 활동을 성공시킨 기업이다.

5WHY 구조는 단순하다. '왜(WHY)'라는 질문을 5번 반복하는 것이다. 반복하는 과정은 '왜'로 물으면 답변은 '~때문이다'라는 형식을 따른다. 이 때 질문과 답변은 인과관계여야 한다. 이를테면 '왜'로 시작하는 질문의 답변이 되려면 반드시 검증된 것만이 답변으로 쓸 수 있다는 말이다. 이 과정은 지루하고 시간이 오래 걸린다. 고마쓰 제작소는 '원점 재검토'를 반복한 것은 바로 이 과정을 반복한 것이고, GE가 자랑하는 '100만 분의 1' 결점도 허락하지 않겠다는 품질경영 모토 역시 5WHY 반복 검증이 낳은 산물이다.

해결에 집중하라

이런 이유 때문에 5WHY를 익히는 일은 워크숍 보다는 액션러닝이 수월하다. 그렇다고 해서 워크숍에서 5WHY 쓰는 법을 익히는 방법이 아예 없는 것은 아니다. 제퍼슨 기념과 외벽 부식 사건 사례는 5WHY를 써성공한 실제 사례로 알고 있다. 무엇보다도 5WHY를 전개하는 방식을익히고, 구조를 파악하는 데 있어 가장 널리 알려져 있는 좋은 사례다.

1. 개요 미국 워싱턴 D.C.에는 미국 3대 대통령 토머스 제퍼슨을 기념하는 기념관이 있다. 1943년에 설립 했으니 80여 년은 족히 된 건물이다. 언제부터인지 알 수는 없으나 건물 외벽이 심각하게 부식하는 현상을 발견했다. 워싱턴 기념탑을 중심으로 북쪽에는 백악관이 남쪽에는제퍼슨 기념관이 있다는 것은 기념관 외벽 부식은 미국인 가슴에 상처를 내는 일과도 같다.

2. 이슈

a. 외벽 부식은 포토맥 강에서 부는 바람으로 인한 풍화 작용인지 아닌지는 한 번 생각해 볼 만한 이슈이다.

b. 외벽 부식은 기념관 근방 인공 호수인 타이들 베이슨(Tidal Basin)으로 인해 발생하는 습기 때문인지 아닌지는 한 번 생각해 볼 만한 이슈이다.

c. 외벽 청소 시 사용하는 약품으로 인한 부식인지 아닌지는 한 번 생각해 볼 만한 이슈이다.

d. 외벽 청소 주기가 잦은 것이 부식에 영향을 줬는지도 한 번 생각해 볼 만한 이슈이다.

e. 부식을 일으킨 성분을 검토하는 것도 한 번 생각해 볼 만한 이슈이다.

3. 문제정의를 위한 질문 제퍼슨 기념과 외벽은 대리석이다. 대리석을 부식시킬 수 있는 것은 강한 산성이다. 기념관 외벽에 닿은 강한 산성은 무엇인가(또는 강한 산성 진원지는 어디인가)?

4. 문제정의문 비둘기 배설물이 문제다.

5. 원인 분석 5WHY

1st	왜, 비둘기 배설물이 생기는가?	거미가 많기 때문이다.
2nd	왜, 거미가 많은가?	나방이 많기 때문이다.
3rd	왜, 나방은 많은가?	조명등이 켜져 있기 때문이다(나방은 본래 빛으로 모이는 습성이 있다. 이를 양 주광성 곤충이라고 부른다).
4th	왜, 조명등이 켜져 있습니까?	일몰 2시간 전에 점등하기 때문이다.
5th	왜, 2시간 전에 점등하는가?	기념관 미화원이 정시에 퇴근하려고 하기 때문이다.

5WHY 활동으로 밝혀진 제퍼슨 기념관 외벽 부식 핵심원인은 '기념

관 청소관리인이 정시에 퇴근하려고 하기 때문이다'로 드러났다. 이 사례는 다양한 해석을 찾아 볼 수 있다. 가장 널리 알려진 핵심원인은 네번째 원인인 '2시간 일찍 외벽 등을 켰기 때문'이다. 사실 여기서 원인 분석을 마친다고 한 들 나무랄일은 아니다. 하지만 조명등을 2시간이나 앞당겨 켠 데에는 분명 어떤 사정이 있었을 것이란 생각은 합리적인 의구심이다. 그 결과 '퇴근'이란 핵심어를 찾았다. 사연은 이렇다고 전해진다. 기념관 청소를 도맡아 하던 청소부는 임금인상을 요구했으나 기념관 측이 이를 거절하자 '정시 퇴근 투쟁'을 한 것이다. 이 '퇴근 투쟁'이 없었으면 제퍼슨 기념관 외벽 부식 사건은 특별하지 않았을 것이다. 외적 조건을 개선하는 일에 그쳤다면 그저 그런 싱거운 사례였을 것이다. 하지만 검증이 어려운 처우 개선과 권리 신장을 핵심 원인으로 삼은 것은 눈여겨 볼 점이다. 요컨대 과학적 검증 한계는 사람 마음을 헤아릴 수 있는 공감으로 채울 때 보다 더 근본적인 대안을 마련할 수 있다는 점을 이 사례는 시사하고 있다.

<u>5WHY</u> 5WHY 워크숍

문제 정의문 없이 5WHY 워크숍을 하는 경우가 종종 있다. 5WHY 전개 방법을 익히기 위한 워크숍인 경우가 이같은 방식을 쓰곤 한다. 적극 권하지는 않는 편이다. 하지만 5WHY 전개 방식을 터득하는 차원에서 중심축이 되는 '왜(WHY)'로 시작하는 질문은 '~때문이다'라는 답변으로 정리하는 것만큼은 꼭 썼으면 하는 바람이다. 템플릿(template)은 이를 쉽게 익히게끔 꾸민 문서이다. 〈그림 4-2〉 템플릿은 표준 양식은 아니다. 쓰는 사람 입맛에 맞게 템플릿은 다양한 형태로 표현할 수 있다.

그림 4-2	5WHY 탬플릿

	질문	
1st WHY	답변	~때문이다.

	질문	
2nd WHY	답변	~때문이다.

	질문	
3rd WHY	답변	~때문이다.

	질문	
4th WHY	답변	~때문이다.

	질문	
5th WHY	답변	~때문이다.

　　문제 해결 워크숍에서 가장 많은 시간과 노력이 필요한 부분이 원인 분석 활동 즉, 5WHY 부분이다. 그 까닭은 질문에 따른 답변 모두를 검

증해야 하기 때문이다. 하지만 워크숍에서는 절차적으로 이를 다 수용할 수는 없다. 이때 활용하는 방법이 '집단지성 퍼실리테이션 기법'을 쓴다. 요컨대 참석자 '경험과 상식'으로 추론과 반론 과정을 거쳐 합의하는 방식이다.

예를 들어, "왜, 비정상적인 가입자는 증가합니까?"라는 질문에는 여러 개 답변이 있다. 그 중 한 의견을 채택하고자 한다면, 워크숍 퍼실리테이터는 "○○씨는 '이 의견'에 동의하십니까?"라는 합의 질문을 참석자 전원에게 이름을 붙여 물어야 한다. 여기서 '이 의견'이라는 지시 대명사를 써서는 안된다. "○○씨는 '문자 메시지를 무작위로 보내기 때문'이라는 의견에 동의 하십니까?"라고 정확하게 물어야 하고, 답변을 하는 참석자 모두는 "네, 저는 '문자 메시지를 무작위로 보내기 때문'이라는 의견에 동의합니다"라고 답변을 해야 합의를 하는 것이다. "네, 저는 그 의견에 동의합니다" 역시 답변으로 쓸 수 있지만, 구체적인 답변이 더 효과적이고 이의가 적다. 하지만 이러한 문답을 5WHY활동을 하는 내내 하는 것은 매우 지루한 일이다. 해서 워크숍에서는 "동의하십니까?" 또는 "이의 없나요?" 정도로 의중을 묻고 이 질문에 반론이 없으면 답변으로 채택하는 것이 보편적이다.

그림 4-3 | 집단지성을 발휘한 5WHY

1st WHY	왜, 비정상적인 가입자가 증가합니까?
	SNS를 무작위로 보내기 때문에

2nd WHY	왜, SNS를 무작위로 보냅니까?
	누구에게 보내야 하는지 모르기 때문에

3rd WHY	왜, 누구에게 보내야 하는지 모릅니까?
	정확한 분석을 해 본 경험이 없기 때문에

4th WHY	왜, 정확한 분석을 해 본 경험이 없습니까?
	분석 담당자가 없기 때문에

5th WHY	왜, 분석 담당자가 없습니까?
	팀 간 업무가 명확하지 않기 때문에

그림 4-4 | 무임승차 5WHY

1st WHY	왜, 비정상적인 가입자가 증가합니까?
	과도한 영업 목표

2nd WHY	
	가입자 수 확보

3rd WHY	
	회사 성장 때문

4th WHY	
	타사 경쟁 우위 선점

5th WHY	
	안정적 회사 운영

이같은 방법으로 5WHY를 전개한 사례가 〈그림 4-3〉과 〈그림 4-4〉이다. 〈그림 4-3〉은 비교적 전개가 잘 된 것이고, 〈그림 4-4〉는 군데군데 수정이 필요하다. 그럼 구체적으로 수정해야 할 점은 어느 부분이고, 왜 이런 결과물이 만들어질까?

사실 합의를 이루는 과정은 말처럼 쉬운 일이 아니다. 네덜란드 스히폴 국제 공항 고속철도 건설 사례가 이를 증명한다. 1991년 네덜란드 정부는 기존 철로를 고속철로로 전환할 계획을 세우고 사업을 발표했다. 노선 지역 주민과 농민 환경 단체가 반발하자 1997년 수정 계획(안)을 발표했다. 하지만 반대 여론은 수그러들지 않았다. 네덜란드 정부는 유럽 물류 거점 기회를 놓칠 수 없다는 점을 강조했고, 주민과 농민 환경 단체와 합의점을 찾는 데 안간힘을 쓴 결과, 사업 계획 발표 후 10년 만인 2000년 4월에 고속철 사업을 시작할 수 있었다. 이 사례에 재밌는 에피소드가 있다. 당시 사업을 이끌던 사업부를 방문한 우리나라 정부 관계자는 "어떻게 합의를 끌어낼 수 있었느냐?"라고 물었다. 네덜란드 한 관계자는 "우리는 합의할 때까지 회의를 했습니다. 포기하지 않았습니다. 그래서 10년이나 걸렸지요. 하지만 결과는 대만족입니다. 주민과 농민 환경단체는 정부를 신뢰하는 계기가 되었으니까요"라고 답했다는 것이다. 답변을 들은 그 관계자는 믿을 수 없다는 표정을 지었다고 전한다.

10년 걸린 합의를 워크숍 시간 내에 이룬다는 것이 어불성설 같지만 중요한 점은 합의하는 과정을 체득하는 것이고, 합의 과정은 어떤 형식을 갖추는지를 아는 것이 핵심이다. 이러한 합의 과정에서 가장 경계해야 할 것이 있다. 그것은 '무임승차'이다. 워크숍 퍼실리테이터가 동의를 구할 때 이름을 붙여 묻는 까닭은 바로 이 무임승차자를 방지하기 위한 목적도 있다. "여러분, 이 의견에 동의하십니까?"라고 집단에게 물으면 개인은 자기 의견을 묻거나 이견 내는 것을 주저한다. 반면에 한 명 한 명에게 동의해야 할 안건을 드러내 물으면 개인은 마냥 '네~ 네~'라고 답변을 할 수 없다. 질문에 지시 대명사를 쓰지 않는 이유도 여기에 있다. 모호하게 물으면 답변은 모호하고, 구체적으로 물으면 답변 역시 구체적이기 때문이다. 원인 분석 활동은 바로 이런 토대라야 핵심을 꿰뚫는 원인을 찾을 수 있다.

〈그림 4-4〉는 토의는 활발했지만, 답변을 채택하는 합의 과정이 모호했다. 요컨대 합의 질문을 건성건성 한 탓이 크다. 그 결과 답변이 모호하다. 게다가 '~때문이다'라는 5WHY 표현 기법도 쓰지 않았다. 물론 5WHY 워크숍 주제가 마음에 들지 않은 점도 있겠지만 이 경우는 "왜, 비정상적인 가입자 수는 증가합니까?"라는 질문 이전 주제 배경에 대한 이해가 부족한 탓이 더 크다. 그럼에도 포기 하지 않고 5WHY 활동을 잘 마쳤다. 이 점은 잘 한 일이다. 하지만 다섯번 째 얻은 '안정적인 회사운영 때문이다'를 핵심 원인으로 쓸 수는 없다. 그 까닭은 첫째, 원인 분석 결과물은 해결해야 할 과제이다. 과제는 '통제 가능한 범위'여야 한다. 반면에 '안정적인 회사 운영을 위한 대안탐색' 절차에 들어서면 거시적이고 포괄적인 아이디어만을 얻는다. 이 워크숍 그룹이 얻은 5WHY는 과제를 얻은 것이 아니라 당위성을 찾은 것이다. 둘째, 통제

가능한 범위란 '인력과 예산 범위 내'라는 원칙이 따른다. 이를 다르게 표현하면, 팀이 보유한 가용한 자원을 바탕으로 협업과 리더십을 발휘할 수 있는 것으로 쓸 수 있다. 따라서 5WHY 활동으로 얻은 문제 핵심 원인 즉, 과제는 팀 단위에서 일굴 수 있는 것이어야 대안 역시 현실 가능하다.

5WHY 5WHY 워크숍 현장 사례: 국내 S대 산학협력단

A 상황

보고자: 팀장님! 이번 문제 해결 과정은 총 30명 신청에 8명이 참석했습니다.

팀장: 원인이 뭡니까?

B 상황

보고자: 팀장님! 이번 문제 해결 과정은 총 30명 신청에 8명이 참석했습니다.

팀장: 문제는 무엇입니까?

A와 B 두 상황은 5WHY 워크숍 중 교육 담당자 고민을 사례로 개발한 것이다. 사연은 이렇다. 국내 S대 산학협력단 직원 대상으로 개설한

문제해결 워크숍은 각 계층별 필수 이수 과목이다. 당연히 신청자는 많았다. 하지만 워크숍 당일 교육장에 모인 사람은 손에 꼽을 만큼 적었다. 이 상황을 직접 보고 몸소 겪은 담당자는 교육 보고가 걱정이라고 했다. 팀장에게 지적받을 것이 뻔하니 일 할 맛도 나지 않는다고도 했다.

A와 B 상황을 언뜻 보면 차이점을 한 눈에 파악할 수 있다. A 상황은 팀장이 보고자에게 '원인(cause)'을 되 묻고, B 상황은 '문제(problem)'가 무엇인지를 묻고 있다. 보고자에게 '사건 발생 원인'을 묻는 것은 자연스런 되물음처럼 보일는지 모른다. 하지만 원인으로 되묻는 대화는 마치 사건 발생 책임이 보고자에게 있는 양 보고자는 추궁당하는 느낌을 받는다. 본의 아니게 자신이 해명하는 데 진땀을 뻘뻘 흘린다. 그 결과 보고자는 팀장을 원망하고, 팀장은 보고자가 원인 파악도 하지 않은 채 보고를 했다고 씁쓸해 한다. 업무 현장에서 흔한 이 같은 대화는 문제 해결을 더 어렵게 하는 이유 중 한 부분이다. 게다가 원인을 캐는 대화 수준은 의사결정 질을 현저 떨군다. 대개 이런 경우 '다음 교육 때는 강제성을 부여해서라도' 또는 '교육 신청 후 미 참석 시에는 패널티를 부여하는 것'을 해결책으로 결정하는 일이 비일비재하다. 원인 분석을 할 때 '한 사람 태도와 생각이 문제를 일으킨 원인이 될 수는 있지만, 늘 우선하거나 그것 말고는 없다라는 접근 방식은 위험하다. 즉 어떤 사람 때문이다'라는 결론은 경계하고 또 경계해야 할 점이다. 이 점을 소홀히 하면 애먼 사람이 그 화를 뒤집어 쓰기 때문이다.

그렇다면, '문제'가 무엇인지를 묻는다면 상황은 달라질까? 달라진다.

해결에 집중하라

B 상황에서 팀장은 보고자가 발생한 사건을 어떻게 판단하고 있는지가 궁금한 것이다. 이 단계에서 원인을 묻는 것은 시기상조라는 사실을 팀장은 잘 알고 있는 셈이다. '문제가 무엇입니까?'라고 묻는 팀장은 사고를 해결하기 위해서 보고자 의견을 들어 보겠다는 것이다. 보고자는 무엇이 문제라고 보고 했을까?

B-1 상황

보고자: 팀장님! 이번 문제 해결 과정은 총 30명 신청에 8명이 참석했습니다.

팀장: 문제는 무엇입니까?

보고자: 창의력이 업무와 관련 없다고 생각하는 것이 문제였습니다.

팀장: 그렇군요. 그럼 원인은 무엇입니까?

B-1 상황은 팀장과 보고자가 자연스레 대화를 하는 양상이다. 보고자는 자기 의견을 묻는 팀장이 고맙고, 경청하는 팀장 리더십에 존경심을 표할 것이다. 이런 수준 대화는 지시와 명령을 따르는 조직 풍토에서는 있을 수 없다. 팀장과 보고자 대화는 의견과 피드백이 선순환하고, 건설적인 해결책을 의사결정 삼는다. 여기서 한 가지 궁금한 점은 보고자는 어떤 경로로 문제정의를 했을까이다. 보고자는 연역 방식으로 문제정의를 했다.

◆ **대전제:** 4차 산업 혁명 시대 핵심 역량(a)은 창의력(b)이다.

◆ **소전제:** 내 업무(c)는 4차 산업 혁명 시대를 준비(a)해야 한다.

◆ **결론:** 따라서, 내 업무(c)도 창의력(b)을 필요로 한다.

◆ **문제정의:** 내 업무가 창의력과는 관련이 없다고 생각하는 것이 문제다.

대전제는 이번 문제 해결 워크숍 목적이고, 소전제는 담당자 기획 의도이다. 과정 안내문을 공지했을 때, 대전제와 소전제 즉, 문제 해결 워크숍 목적과 의도는 통했다. 그 결과가 30명을 훌쩍 넘긴 신청자이다. 하지만 실상은 그렇지 못했다. 이 상황을 따져 물은 결론이 '내 업무도 창의력을 필요로 한다'였고, 문제는 결론대로 되지 않은 상태 즉, '내 업무가 창의력과는 관련이 없다고 생각하는 것'이다. 담당자는 이를 팀장에게 보고한 것이다.

B-1 대화 말미에 팀장은 '원인'이 무엇인지를 물었다. 보고자인 교육 담당자는 어떻게 답변 했을까?

B-2 상황

보고자: 팀장님! 이번 문제 해결 과정은 총 30명 신청에 8명이 참석했습니다.

팀장: 문제는 무엇입니까?

보고자: 창의력이 업무와 관련 없다고 생각하는 것이 문제였습니다.

팀장: 그렇군요. 그럼 원인은 무엇입니까?

보고자: 창의력을 토대로 협업에 성공한 경험이 없기 때문입니다.

'창의력이 업무와 관련 없다는 생각'을 들게 한 원인이 무엇인지 궁금한 팀장에게 보고자는 '창의력을 토대로 협업에 성공한 경험이 없기 때문'이라는 원인 분석 결과를 보고했다. 5WHY 기법을 활용해 문제의 근본 원인을 파고 든 결과다(〈그림 4-5〉).

실제 5WHY 분석 결과, 보고자는 핵심 원인 두 개를 얻었다. 하나는 '창의력 발전에 관한 제도적 노력이 없었기 때문'이라는 점과 다른 하나

| 그림 4-5 | 5WHY 실습사례 |

| 1st WHY | 왜, 창의력이 업무에 관련 없습니까? |
| | 창의력이 무엇인지 모르기 때문이다. |

| 2nd WHY | 왜, 창의력이 무엇인지 모릅니까? |
| | 어느 영역에서 창의력이 필요한지 모르기 때문이다. |

| 3rd WHY | 왜, 어느 영역에서 창의력이 필요한지 모릅니까? |
| | 창의력을 사용해서 무엇을 할 수 있는지 모르기 때문이다. |

| 4th WHY | 왜, 창의력을 사용해서 무엇인가를 할 수 있는지 모릅니까? |
| | 협업을 적극적으로 시도하지 않았기 때문이다. |

| 5th WHY | 왜, 협업을 적극적으로 사용하지 않았습니까? |
| | 협업을 통해 시너지 성공 경험이 없기 때문이다. |

는 '협업을 통해 시너지를 낸 성공 경험이 없었기 때문'이 그것이다. 이 두 원인은 모두 과제로 쓸 수 있다. 다만 어떤 과제를 먼저 할 것인지를 정하는 일이 남아 있다. 가장 쉽게는 '우선순위 매트릭스'를 쓰는 방법이 있고, '과제 성격 규명 매트릭스'를 활용하는 방법이 있다. 이보다 앞서서 할 일이 있는 데 그것은 '검증'이다. 원인은 반드시 사실 검증을 거쳐야만 한다. 이 검증 과정을 생략하면 문제 해결을 한 것이라고 할 수 없다. 하지만 워크숍 수준에 '검증'은 어렵다. 그렇다고 방법이 없지는 않다. 역(逆) 검증 방법이 있다.

'역 검증'은 5WHY 전개를 통해 얻은 의견을 거꾸로 했을 때도 말이 되고, 흐름이 좋은 것을 뜻한다. 예컨대 다음 표는 역검증 예시다.

5WHY 순 전개를 '역(逆) 검증'을 했음에도 뚜렷한 모순점을 찾을 수 없다. 한 마디로 5WHY 구성 내용은 MECE 하다라고 말할 수 있다. 따라서 창의력이 업무와 관련 없다고 생각하는 문제의 핵심 원인은 '창의력을 토대로 협업에 성공한 경험이 없었기 때문이다'는 검증을 마친 것으로 보고 과제로 전환할 수 있다. 이와 같은 방법으로 역 검증 한 결과 '창의력 발전에 관한 제도적 노력이 없었기 때문'도 과제로 쓸 수 있다. 그 전에 주의할 점 세 가지가 있다.

첫째, 두 원인 모두 주어를 드러내지 않은 점이다. 예컨대 '창의력 발전에 제도적 노력이 없었기 때문이다'라는 문장은 '주어'를 누락했다. 주어를 드러내고 문장을 다시 써야 한다. '경영 본부 또는 교육 팀이 창의력 발전에 관한 제도적 노력이 없었기 때문'으로 써야 한다.

문제 정의	창의력이 업무와 관련이 없다고 생각하는 것이 문제		
	순(順) 전개		역(逆) 전개
1st. WHY	창의력이 무엇인지 잘 모르기 때문이다.	5th WHY	창의력을 토대로 협업에 성공한 경험이 없었기 때문이다.
2nd. WHY	어느 영역에서 창의력이 필요한지 잘 모르기 때문이다.	4th. WHY	창의력을 사용할 줄 모르기 때문이다.
3rd. WHY	창의력을 사용해서 무엇을 할지 잘 모르기 때문이다.	3rd. WHY	창의력을 사용해서 무엇을 할지 잘 모르기 때문이다.
4th. WHY	창의력을 사용할 줄 모르기 때문이다.	2nd. WHY	어느 영역에서 창의력이 필요한지 잘 모르기 때문이다.
5th. WHY	창의력을 토대로 협업에 성공한 경험이 없었기 때문이다.	1st. WHY	창의력이 무엇인지 잘 모르기 때문이다.

둘째, 주어를 드러내면 책임의 소재가 분명해진다. 책임 소재는 신중해야 한다는 점은 앞서 언급했었다. 이를테면 '교육 담장자가 창의력 발전에 관한 제도적 노력이 없었기 때문'으로 귀결할 경우를 말하는 것이다. 만약 이를 핵심 원인으로 삼을 경우 해결책은 뻔하다. 교육 담당자를 인사 조치하는 것이다.

조직 일은 시스템과 사람 간 상호작용이다. 두 주체는 늘 개선 대상이고, 혁신을 일궈야 할 부분이다. 원인 분석에서 검증을 하는 까닭은 개선과 혁신 대상이 시스템인지 아니면 사람인지를 정하기 위한 점도 있다. 하지만 대체로 '사람'에 귀인(歸因)하는 경우가 다반사다. 시스템을 개선과 혁신 대상으로 삼으면 비용이 많이 들고, 오랜 시간을 기다려야 하기 때문이다. 반면에 사람은 다그치면 어떻게든 성과를 낸다. 미봉책에 불과하지만 단기 처방 묘수로 이만한 것이 없다. 가슴 아픈 일이다.

이 글 처음 제시한 A 상황은 이런 조직 풍토를 반영한 결과다. 점차 익숙해지면 이를 의식하지 않는다. 원인 분석 활동은 이런 익숙해짐을 돌아보는 기회인 면도 있다. '사실 검증' 과정을 까다롭고 신중하게 하는 까닭이 여기에 있다. 익숙한 것에 머물수록 개선과 혁신은 매너리즘의 다른 말과 같기 때문이다.

셋째, 5WHY 분석 과정에서 '인력이 부족하기 때문에', '예산이 부족하기 때문에'라는 의견이 곧잘 나온다. 이는 어려운 실무살이를 반영한 것임을 이해한다. 하지만 이 두 의견은 최고경영자 의사결정 사항이다. 이 때문에 문제 해결 과정을 '의사결정 과정'으로도 부른다. 그 까닭은 문제 해결 최종 단계는 문제 해결 보고서(action plan)를 작성하는 것이고, 보고서에는 다양한 해결(안)을 담아 제안하기 때문이다. 바로 이 제안을 최고경영자는 읽은 후 의사결정을 하기 때문이다.

실무자는 '제안'하는 사람이고, 최고경영자는 '제안을 결정하는 사람'이다. 이 때문에 실무자가 제안한 의견은 의사 결정 전 아이디어라고 해서 '해결(안 案)'이라 쓰고, 최고경영자가 의사결정을 내린 아이디어는 '해결책(策)'이란 말을 쓰는 것이다. 어떤 사건을 두고 제대로 해결을 하지 못했을 때 최고경영자는 '책임지고 물러나겠다' 또는 문제 해결이 필요할 때는 '책임지고 원인 규명을 하겠다'라고 말한다. 이 말은 문제 해결은 최고경영자(또는 최종 의사결정자) 책임이 51%라는 뜻이다. 실무자 책임은 이 과정에서 어떤 경우라도 49%를 넘을 수 없다. 문제 해결 과

해결에 집중하라

정에서 알아둬야 할 숨은 뜻이다.

그림 4-6 과제성격규명 매트릭스

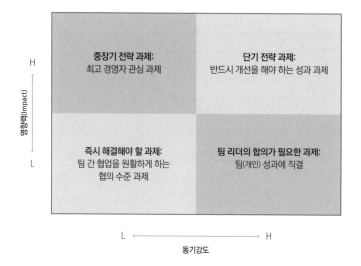

5WHY 분석 활동과 과제 성격 규명 매트릭스 ——

'과제 성격 규명 매트릭스'는 대안 탐색을 보다 쉽게 하는 데 유용하다. 5WHY 활동 결과로 얻은 핵심 원인은 곧바로 대안 탐색 절차에 들어간다. 이 때 '원인'은 '과제'가 된다. 핵심 원인을 과제라는 말로 바꿔 쓰는 까닭은 사건을 일으킨 근원으로서 원인은 제거하거나 피하거나 개선해야 할 것이고, '어떻게(HOW)'라는 말을 붙여 여러 대안을 찾는 활동으로 이어진다. 이런 복잡한 과정을 한 마디로 하면 그것이 곧 '과제'라는 개념이다. 가장 쉽게는 '숙제'와 같은 맥락이다. 반드시 해야하는 것이란 뜻이다.

과제 성격 규명 매트릭스는 이 맥락에서 문제해결 연구회가 적용한 기법이다. 여러 개 핵심 원인은 '단기 과제'와 '장기 과제'가 있다는 판단이 이 매트릭스를 만들었다. 사용법은 2X2 매트릭스 형식이고, X축은 동기강도, Y축은 영향력으로 기준을 잡았다. 동기강도는 과제를 대하는 이의 마음가짐이다. 이를테면 과제 성격을 규명하는 데 있어 중요한 역할을 하는 데, 탑-다운(Top-Down) 과제인지 버텀-업(Bottom-Up) 과제인지 여부에 따라 동기 강도가 달라짐을 기준으로 삼은 셈이다. 영향력은 과제를 바르게 실행했을 때를 예측하는 것이다. 기대효과 쯤으로 여기면 무난하다.

과제 성격 규명 매트릭스 메타포는 '중장기 전략과제', '단기 전략 과제', '즉시 시행 과제', '팀 리더와 협의가 필요한 과제' 네 개로 구분한다.

중장기 전략 과제는 최고경영자 관심 과제이다. 평균 2~3년 내 성과를 내야 하는 것들이 대부분이다. 예를 들면, 조직 체질 개선, 기술 개발과 같은 과제로 탑-다운 과제가 많다. 그 탓에 동기 강도가 약하다.

단기 전략 과제는 버텀-업 과제가 많다. 1년 이내 성과를 내는 과제이고, 대부분 성과목표와 연결되어 있다. 간혹 최고경영자가 태스크포스 팀을 만들어 특별히 관리하는 과제가 여기에 속한다.

즉시 실행 과제는 3개월 이내 성과를 내야 하는 즉시 시행과제이다. 동기 강도와 영향력이 낮은 것은 일상 업무 연장선상에서 해야 하는 과제이고, 과제 당위성 보다는 지시 업무가 대부분이다.

팀장과 협의해야 하는 과제는 성과를 내는 기간 보다는 말 그대로 팀장이 수긍을 해야 하는 과제이다. 요컨대 창의적 과제가 대다수이다. 팀장 입장에서는 팀 성과와는 무관한 과제를 선뜻 '해 보라!'라고 수긍하는 것도 마뜩지 않고, 설사 그 일을 시작했다해도 다 끝마치지 못하는 경우가 허다하다. 액션러닝 과제가 여기에 속하는 경우가 많다.

앞 장 B-2 상황을 다시 보자. '창의력이 업무와 관련 없다고 생각하는 문제'의 핵심원인을 '창의력을 토대로 협업에 성공한 경험이 없다'는 점과 '조직은 창의력 발전에 제도적 노력을 하지 않았다'라는 두 원인 모두 역검증을 마쳤고, 이 둘을 과제로 삼았다. 지금은 두 과제 성격을 규명하는 단계이다. 먼저 보고자가 핵심원인으로 팀장에게 보고한 내용(창의력을 토대로 협업에 성공한 경험이 없는 점)의 동기 강도와 영향력을 따졌을 때, 보고자는 이 과제를 실행하고자 하는 의욕이 높았고, 그 영향력 또한 높다고 판단했다. 이 과제 성격은 '단기 전략 과제'이다(그림 4-6-1). 남은 과제(조직은 창의력 발전에 제도적 노력을 하지 않은 점) 역시 동기 강도 역시 높지만 그 영향력은 잘 모르겠다고 답했다. 이 경우 영향력 정도에 따라 과제 성격이 달라진다(그림 4-6-2). 보고자가 '조직은 창의력 발전에 제도적 노력을 하지 않았다'라는 과제 영향력을 '잘 모르겠다'라고 답변한 까닭은 이 과제는 최고경영자가 이 과제를 어떤 강도로 인식하느냐 여부가 중요하기 때문이다. 요컨대 최고경영자가 이 과제에 문제 인식 정도가 높으면 '탑-다운' 과제가 되고, 영향력은 높다.

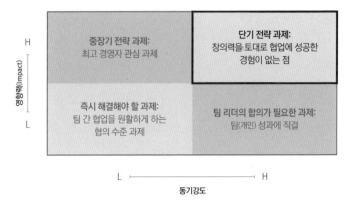

그림4-6-1 두 과제 중 보고에 포함한 과제 성격 규명

중장기 전략 과제:
최고 경영자 관심 과제

단기 전략 과제:
창의력을 토대로 협업에 성공한
경험이 없는 점

즉시 해결해야 할 과제:
팀 간 협업을 원활하게 하는
협의 수준 과제

팀 리더의 합의가 필요한 과제:
팀(개인) 성과에 직결

영향력(Impact)

H

L

동기강도

L ⊢————————⊣ H

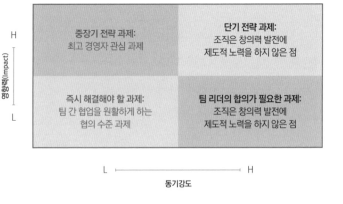

그림4-6-2 두 과제 중 보고에 포함하지 않은 과제 성격 규명

중장기 전략 과제:
최고 경영자 관심 과제

단기 전략 과제:
조직은 창의력 발전에
제도적 노력을 하지 않은 점

즉시 해결해야 할 과제:
팀 간 협업을 원활하게 하는
협의 수준 과제

팀 리더의 합의가 필요한 과제:
조직은 창의력 발전에
제도적 노력을 하지 않은 점

영향력(Impact)

H

L

동기강도

L ⊢————————⊣ H

그 반대로 이 과제에 최고경영자 인식이 낮거나 팀장과 협의 과제 수준

일 경우에는 보고자는 이 과제 중요성과 파급 효과를 설명하고 설득하

는 꽤 고된 일을 도맡을 수 밖에 없다. 우선 보고자는 자신이 통제할 수

있는 자원을 고려해 '단기 전략 과제(그림 4-6-1)'를 선택했다. 이 상황

을 소개한 것이 B-2 상황이다. 대화 말미에 팀장은 과제 해결 방법을 묻는다. 대안 탐색 단계로 이어가는 예시이다.

보고자: 팀장님! 이번 문제 해결 과정은 총 30명 신청에 8명이 참석했습니다.

팀장: 문제는 무엇입니까?

보고자: 창의력이 업무와 관련 없다고 생각하는 것이 문제였습니다.

팀장: 그렇군요. 그럼 원인은 무엇입니까?

보고자: 창의력을 토대로 협업에 성공한 경험이 없기 때문입니다.

팀장: 창의력을 토대로 협업에 성공한 경험을 어떻게(HOW) 만들 생각입니까? 좋은 아이디어가 있습니까?

5WHY 5WHY 분석 활동 GOOD 사례 vs. BAD 사례

'소통'이 주제인 문제해결 워크숍은 일단 의견 수가 차고 넘친다. 그만큼 소통이 중요하다는 간접적인 증거다. 하지만 하나하나 의견을 듣고 읽다보면 몇 가지 공통점을 발견하고, 공통점 대부분은 문제로 삼을 수 있다. 다음 제시하는 두 사례는 '문제정의 – 원인분석' 절차의 중요성을 다시금 깨닫게 한다.

1. 주제 : 소통

2. 개요 의료기기를 판매하는 O 사는 최근 3년 간 가파른 성장세를 보이고 있다. 하지만 최근 들어 직원 간 불협화음이 자주 보고되고 있다. 특히 두 팀 이상이 모이는 협업 회의에서 이 현상이 두드러진다는 것이다.

3. 이슈

a. 타 팀이 문제를 제기하면 해당 팀은 그 문제를 쉽사리 인정하지 않으려는 점은 한 번 생각해 볼 이슈이다.

b. 의견을 듣고 싶다고 해서 발언을 하면 귀담아 듣지 않는 점은 한 번 생각해 볼 이슈이다.

c. 협업이 필요한 점은 알고 있지만 기대하는 만큼 타 팀이 무슨 일을 하는 지 모르는 상태에서 협업 회의에 참석하는 점은 한 번 생각해 볼 이슈이다.

d. 대부분 자기 팀이 필요한 부분만 말하고, 듣고 싶은 말만 듣는 점은 한 번 생각해 볼 이슈이다.

4. 문제정의 질문 협업 회의에서 타 팀 의견을 귀담아 듣지 않고, 듣고 싶은 말만 듣는 두 이슈는 회의 방식은 차치하고 서로 소통 방식을

탐탁치 않게 여기는 점이다. 협업 회의에서 이러한 소통 태도는 분명 문제가 있어 보인다. 그 문제는 무엇인가?

5. 문제정의　서로 의견을 경청하지 않는 것이 문제다.

6. 원인분석

1st WHY	왜, 서로 의견을 경청하지 않습니까?
	자기 주장만 하고 싶기 때문이다.
2nd WHY	왜, 자기 주장만 하고 싶어합니까?
	입장이 서로 다르기 때문이다.
3rd WHY	왜, 입장은 서로 다르다고 생각합니까?
	자기 팀 이익을 먼저 생각하기 때문이다.
4th WHY	왜, 자기 팀 이익이 먼저라고 생각합니까?
	회사는 하나라는 공동체 의식이 부족하기 때문이다.
5th WHY	왜, 회사는 하나라는 공동체 의식이 부족하다고 생각합니까?
	팀과 팀 간 교류가 없기 때문이다.

다섯 번째 원인 분석 두 항목은 모두 '과제'로 전환해서 쓸 수 있다. 하지만 두 의견은 의미가 비슷하다는 점을 발견, 그 결과 '팀 간 교류하는 프로그램이 없기 때문이다'를 핵심 원인으로 선정한 사례다. 이 사례와

유사한 5WHY 활동 결과 중 '개인 간 공통 목표가 없기 때문이다'라는 원인도 있었다. 동일한 문제를 두고 한 팀은 '팀 간 교류 프로그램이 없는 것'을 다른 팀은 '개인 간 공통 목표가 없는 것'을 소통이 잘 안되는 원인으로 규명했다. 다른 팀이 밝힌 원인 중 GOOD 사례는 상당히 깊이 있는 5WHY 분석 결과를 냈다.

GOOD 사례 2

1. 문제정의 사내에서는 말하는 것을 꺼리는 것이 문제다.

2. 원인분석

| 1st WHY | 왜, 사내에서 말하는 것을 꺼립니까? |
| | 사내에서 발언은 개인 평가에 연결되기 때문이다. |

| 2nd WHY | 왜, 사내에서 발언은 개인 평가에 연결됩니까? |
| | 평가자가 선입견을 갖기 때문이다. |

| 3rd WHY | 왜, 평가자가 선입견을 갖는다고 생각합니까? |
| | 개인 평가에 상사 개인 의견 개입이 가능하기 때문이다. |

| 4th WHY | 왜, 개인 평가에 상사 개인 의견 개입이 가능하다고 생각합니까? |
| | 개인 평가 시스템에 공정한 평가 기준이 명문화 되어 있지 않기 때문이다. |

이번 사례는 소통 부재 원인을 사내 발언이 개인 평가에 영향을 미칠

해결에 집중하라

수 있기 때문에 좀처럼 의견 개진을 하지 않는다는 것으로 마무리 했다면, GOOD 사례라는 판단을 보류 했을 것이다. 그 까닭은 이 점은 검증 절차가 무척 까다롭기 때문일 뿐만 아니라, 원인을 사람에게 두면 심각한 부작용을 초래하기 때문이다. 하지만 사내에서 말하기가 쉽지 않은 문제를 이 팀은 평가 기준이 명문화되어 있지 않은 점을 발견했다. 이 팀이 밝힌 이 원인은 검증이 현장에서 이루어졌다. 평가 대상자 모두가 워크숍 참석자로 '평가 기준이 명문화되어 있지 않은 점'을 증언하고 있기 때문이다. 5WHY 진가를 여실히 나타낸 사례다.

GOOD 사례 3

두 번째 사례가 터무니 없는 주장이 아니라는 점을 뒷받침 하는 5WHY 분석이 세 번째 소개하는 GOOD 사례다.

1. 문제정의   상사에게 말을 먼저 건네는 것이 어려운 것이 문제다.

2. 원인분석

1st WHY	왜, 상사에게 말을 먼저 건네는 것은 어렵습니까?
	상사가 지나치게 권위적이기 때문이다.

2nd WHY	왜, 상사는 권위적이라고 생각합니까?
	부하직원과 허물없이 지내면 체면이 깎인다고 생각하기 때문이다.

3rd WHY	왜, 부하직원과 허물없이 지내는 것이 체면을 깎는 것이라고 생각합니까?
	사내에서 평판이 안 좋아질 수 있다고 생각하기 때문이다.
4th WHY	왜, 사내에서 평판이 안 좋아질 수 있다고 생각합니까?
	사내 평판은 승진과 직접 관련이 있기 때문이다.

두 번째 세 번째 GOOD 사례는 모두 네번째 WHY 분석에서 멈췄다. 네번째 분석 결과가 가장 타당하기 때문이고, 이 두 사례의 경우 다섯번째 WHY 분석을 하면, 대부분 그 결과가 비약이 심하다. 이를테면 '다섯번'이라는 형식을 지키려고 말도 안되는 답을 낸다. 설사 말이 되었다해도 검증 자체가 불가능하다. 요컨대 '왜, 사내 평판은 승진과 직접 관련이 있습니까?'라고 물으면 '사내 평판이 좋은 ○○○이 승진했기 때문이다'라는 답변은 분석 영역이 아니다.

BAD 사례 1

5WHY 분석 중 개선이 필요한 사례는 몇 가지 특징이 있다. 앞 서 밝힌 바 있는 '집단사고' 외에도 대표적인 것은 '해결(안)'을 내는 경우다. 다음 사례가 그렇다.

1. 문제정의   직원 서로 관심이 없는 것이 문제다.

2. 원인분석

1st WHY	왜, 직원 서로 관심이 없다고 생각합니까?
	만나는 기회가 없기 때문이다.

2nd WHY	왜, 만나는 기회가 없다고 생각합니까?
	공통 관심사가 없기 때문이다.

3rd WHY	왜, 공통 관심사가 없다고 생각합니까?
	정기적인 모임이 없기 때문이다.

4th WHY	왜, 정기적인 모임이 없다고 생각합니까?
	근무 시간이 다르기 때문이다.

5th WHY	왜, 근무 시간이 다른 것이 원인이라고 생각합니까?
	정기적인 워크숍 환영

이와 같은 5WHY 전개는 '해결(안)'을 제시한 부분 외에도 첫 번째 원인과 세 번째 원인은 중복이다. MECE하지 않다. 이 부분을 수정하면,

1st WHY	왜, 직원 서로 관심이 없다고 생각합니까?
	공통 관심사가 없기 때문이다.

2nd WHY	왜, 공통 관심사가 없다고 생각합니까?
	서로 관심사를 터 놓고 얘기할 기회가 없기 때문이다.

3rd WHY	왜, 서로 관심사를 터 놓고 얘기 할 기회가 없다고 생각합니까?
	직급 별 모임이 활성화 되어 있지 않기 때문이다.
4th WHY	왜, 직급 별 모임은 활성화되어 있지 않습니까?
	근무 시간이 서로 다르기 때문이다.
5th WHY	왜, 근무 시간은 서로 다릅니까?
	유연 근무제도를 실행 중이기 때문이다.

로 전개할 수 있다. '유연근무 제도'는 회사가 정한 규칙이다. 이처럼 제도 한 부분이 핵심원인으로 밝혀졌을 때 성급하게 폐지하는 방향으로 대안 탐색을 시도하곤 한다. 하지만 이는 경계해야 할 점이다. 사내 제도와 시스템 존속 여부는 최고경영자 의사결정 사항이다. 다른 말로 표현하면, 이는 통제 대상이 아닌 수정 보완할 사항이다. 이 사례 역시 제도를 개선하는 쪽으로 대안 탐색하고 해결(안)을 선정하는 것이 옳다.

BAD 사례 2

개선이 필요한 두 번째 사례 특징은 업무 활동 간 불편한 점 또는 불만 사항을 끼워 넣고 싶은 욕망을 감추지 않았다. 그 사정 얘기를 들어보면 그럴만도 하다.

1. 문제정의 소통 부재가 문제다.

2. 원인분석

1st WHY	왜, 소통 부재가 문제라고 생각합니까?
	서로 관점차가 존재하기 때문이다.

2nd WHY	왜, 서로 관점차는 존재한다고 생각합니까?
	경험과 지식이 서로 다르다는 점을 인지하지 못하기 때문이다.

3rd WHY	왜, 경험과 지식이 서로 다르다는 점을 인지하지 못한다고 생각합니까?
	선배와 후배 간 서로를 이해하는 시간이 없기 때문이다.

4th WHY	왜, 선배와 후배 간 서로를 이해하는 시간이 없다고 생각합니까?
	서로 만날 기회가 부족하기 때문이다.

5th WHY	왜, 서로 만날 기회가 부족하다고 생각합니까?
	공간이 부족하기 때문이다.

이 사례 다섯 번째 항목은 부연 설명이 있어야만 납득하는 대목이다. 사연은 이렇다. 얼마 전만 해도 사내에는 여직원 휴게실이 있었다고 한다. 하지만 어떤 사정이 있었는지 휴게실은 회의실로 용도가 바뀌었다. 그 후로 임신 중인 여직원 휴게실이 마땅치 않아 눈치 보기 일수라는 것이다. 그 여직원이 이 점을 적극 피력한 결과가 5WHY 분석 결과물이 되었다. 임산부인 여직원은 안내도 없이 휴게실을 회의실로 바꾼 회사 결정이 소통 부재의 핵심 원인으로 여긴 셈이다. 이 팀이 낸 핵심 원인은 이처럼 사정 얘기를 듣지 않으면 네 번째 원인과 다섯 번째 원인 간 논

리 비약이 너무 심해 결과를 수긍할 수 없다.

한 가지 더 짚어야 할 점은 문제정의 부분이다. 소통 부재가 문제라는 주장이다. 하지만 타 워크숍 팀과 비교했을 때, 표현이 애매모호하다. '소통'은 이 문제해결 워크숍 주제이다. 소통 그 자체를 문제로 삼는 것은 토로하고 싶은 불만사항이 있다는 것을 역설하는 것이다. 그 결과가 '공간이 부족하다'라는 점이다. 요컨대 휴게실이 사라진 불편한 심경을 원인으로 둔갑시킨 꼴이다.

이 사례는 분명 5WHY 분석 활동에는 적합하지는 않지만, 휴게실을 회의실로 용도 변경한 의사결정만큼은 다시 돌아볼 필요는 충분하다. 이 경우 소통 부재를 문제로 삼기보다는 업무 환경 또는 직원 복지 차원에서 문제를 다루는 것이 더 적절해 보인다.

1. 문제정의 업무환경이 열악한 것이 문제다.

2. 원인분석

1st WHY	왜, 업무환경이 열악하다고 생각하십니까?
	여직원 휴게실이 없어졌기 때문이다.

2nd WHY	왜, 여직원 휴게실은 없어졌습니까?
	회의실 공간이 부족하기 때문이다.

3rd WHY	왜, 회의실 공간은 부족합니까?
	최근 들어 외부인 방문이 많아 졌기 때문이다.

네번째 WHY를 끝으로 원인 분석 활동을 마친다면, 여직원 휴게실을 회의실 용도로 변경한 것은 한시적인 조치로 예상할 수 있다. 요컨대 계획대로 코스닥 상장을 마친 후에는 회의실은 다시 여직원 휴게실로 용도 변경될 확률이 높다. 다만 이 같은 추진 사항 중 여직원 휴게실을 대체할 만한 적절한 대안을 마련하지 않은 점은 사려 깊지 못해 보인다.

BAD 사례 3

개선이 필요한 세번째는 인과관계를 따지지 않고 의견을 나열한 사례다. 〈그림 4-7〉을 보면 첫 번째와 두 번째 WHY이후로는 '~때문이다'로 종결하지 않고 있다. 만약 세 번째 WHY를 '방해하기 때문이다'로만 썼어도 인과관계를 한 번쯤은 돌아봤을 것이다. 이는 '~한다'라는 말로 문장을 끝맺으면 이는 대부분 '결론'으로 정보처리하기 때문이다. 반면에 '~때문이다'라는 문장은 계속해서 그 이유를 밝힐 것을 스스로 자극한다. 이런 점 때문에 이 팀 결과물을 BAD 사례로 판단하는 것이다.

아쉬운 점은 더 있다. 주제와 문제정의문을 구분할 수 없고, 두 번째 WHY는 부연설명이 없으면 논리적 비약에 가깝다. 게다가 다섯 번째 WHY에서 멈추지 않고, 곧바로 '호칭을 수평적으로 변경한다'라는 해결(안)까지 제시했다. BAD 사례 1과 2를 한 데 모은 종합선물 세트라고

그림 4-7 해결(안)이 제시된 예시

1st WHY	
	업무적인 대화만 하기 때문

2nd WHY	
	세대차이가 있기 때문

3rd WHY	
	직급이 소통을 방해한다

4th WHY	
	계급에 따른 위화감을 준다

5th WHY	서열 호칭이 존재한다
	호칭을 수평적으로 변경한다

해도 딱히 반박할 말이 떠 오르지 않는다. 실제로 이 팀에게 이 부분을 질문하자 "원인이 밝혀졌으니 해결(안)까지 선정했다"라고 뿌듯해 했다. 틀린 말은 아니다. 원인 분석 다음 절차가 '대안 탐색'과 '해결(안) 선정'이기 때문이다.

이런 결과물은 5WHY 분석 기술이 어설프다고 하기 보다는 환경적인 측면에서 그 원인을 찾을 수 있다. 요컨대 이 팀 분위기는 화기애애한 것이 농담과 유머가 넘친다. 되레 워크숍 분위기를 밝고 긍정적으로 끌어 올리는 데 한 몫을 하곤 했다. 하지만 지나치지도 부족하지도 않았어야 했다. 또한 이를 적절히 조절하지 못한 퍼실리테이터 역할도 묵인할 수는 없다. 이런 환경적인 면이 결국 세 번째 BAD 사례이다.

1. 문제정의 상사와 사적 교류가 없는 것이 문제다.

2. 원인분석

1st WHY	왜, 상사와 사적 교류가 없다고 생각합니까?
	업무적인 대화만 하기 때문이다.

2nd WHY	왜, 업무적인 대화만 합니까?
	세대차이가 있기 때문이다.

3rd WHY	왜, 세대차이가 있다고 생각합니까?
	직급이 소통을 방해하기 때문이다.

4th WHY	왜, 직급이 소통을 방해한다고 생각합니까?
	(직급은) 계급에 따른 위화감을 주기 때문이다.

5th WHY	왜, 직급이 위화감을 준다고 생각합니까?
	서열과 호칭이 존재하기 때문이다.

사실 이 세 번째 BAD 사례는 '호칭을 수평적으로 변경해야 한다'라는 해결(안)을 미리 낸 후에 이에 알맞은 원인을 꿰어 맞춘 것이다. 이를테면 첫 번째와 두 번째 WHY가 논리 비약인 점은 바로 이때문이고, 두

번째와 세 번째 WHY 역시 흐름이 매끄럽지 않다. 이 사례는 '수평적 호칭'을 내심 쓰고 싶은 열망이 담겨 있다. 이 소망을 이루려면 다음과 같이 수정해 쓰면 이로울 것이다.

---

1. 문제정의   직급을 붙이는 호칭이 소통을 방해하는 것이 문제다.

---

2. 원인분석

1st WHY	왜, 직급을 붙인 호칭이 소통을 방해한다고 생각합니까?
	직급은 곧 서열을 의미하기 때문이다.

2nd WHY	왜, 직급이 서열을 의미한다고 생각합니까?
	직급은 일종의 계급과 같은 역할을 하기 때문이다.

3rd WHY	왜, 직급은 계급과 같은 역할을 한다고 생각합니까? 그것과 소통은 어떤 관련이 있다고 생각합니까?
	팀장은 업무를 지시하고 명령하는 권한이 있기 때문이다. 그리고 그 권한은 때때로 팀장과 팀원 사이 위화감을 야기시키기 때문이다.

4th WHY	왜, 위화감을 야기시킨다고 생각합니까?
	좀 더 깊이 생각은 해 봐야겠지만 직급을 이해하는 바가 서로 다르기 때문이다. 직급에 대해서 팀장과 얘기했을 때 딱히 어떤 부분을 꼬집어 말할 수는 없다. 하지만 세대차이를 느꼈기 때문이다.

이처럼 네 번째 WHY까지 전개했을 때 얻은 핵심원인은 '직급을 이해하는 방식에서 팀장과 나 사이 세대차이가 있다'이다. 이는 곧 과제가

되고, 대안 탐색 질문은 '어떻게(HOW)하면 세대차이를 줄일 수 있습니까?' 또는 '세대차이를 줄일 수 있는 아이디어는 무엇입니까?' 등이다. 여러 대안 중 '수평적 호칭을 마련해 쓴다'라는 아이디어를 해결(안)으로 삼으면 이 팀이 애타게 소망한 그 일은 성공할 가능성이 높다.

외전 유실장의 5WHY

문제해결 교육은 아니었지만 어느 교육과정 중 강사님께서 성과를 잘 내기 위해서는 문제 본질에 집중해야 된다면서 문제 본질을 찾기 위해서는 가장 쉽고 효과적인 방법으로 5WHY 기법을 소개하고 실습하는 시간을 가졌습니다.

강사님께서 피드백하실 때 '너무 잘 했다, 매우 훌륭하다' 하시길래 그 결과물을 들여다 보니 제가 보기엔 너무 실망스러웠습니다.

5WHY 기법이란 '어떤 문제의 원인에 대해서 5번 반복해서 물어보는 것'이라고만 설명하는 경우가 많은 데 보다 자세히 설명하자면 '결과 - 원인 - 원인의 원인 - 원인의 원인의 원인 - 원인의원인의원인의원인의 원인 - 원인의원인의원인의원인의 원인' 이렇게 인과관계가 논리적으로 성립되어야 합니다.

대부분 많은 문제해결 강사님과 저자님들께서 5WHY 기법을 활용한 원인분석 사례로 드는 미국 토머스 제퍼슨 기념관 외벽 부식 문제 입니다.

실내 전등을 늦게 켜서 해결했다는 이야기 입니다. 확인은 해보지 않았지만 저는 이 또한 지어낸 사례라는 강한 의심이 듭니다. 불을 일찍 켜나 늦게 켜나 불나방은 밤늦게도 전등불빛이 모여들던데…. 그래도 제퍼슨 기념관이 다른 건물보다 불을 일찍 켜서 불나방이 늘어났다 칩시다. 불나방이 늘어나 거미가 늘어났다고 칩시다. 비둘기는 잡식성인데 과연 비둘기가 거미를 먹으려고 모여든 것일까요? 과연 거미가 없으면 안모여들까요?

그림 4-8	제퍼슨 기념관 외벽 부식 5WHY

1st WHY	왜, 외벽 부식이 심한지 생각해보니
	비누 청소를 자주 하기 때문이었다.
2nd WHY	왜, 비누 청소를 자주 하는지 물어보니
	비둘기 배설물이 많이 묻어서 였다.
3rd WHY	왜, 비둘기 배설물이 많은지 생각해보니
	비둘기의 먹잇감인 거미가 많아서 였다.
4th WHY	그래서, 왜 거미가 많은지 생각해 보니
	불나방이 많아서 였다.
5th WHY	불나방이 많은 이유는
	실내 전등을 주변보다 일찍 켜기 때문이었다.

해결에 집중하라

| 그림 4-9 | 문제해결 연구회에서 5WHY 발표를 하는 지금은 고인인 유기상 실장 2019. 1. 19.(토) |

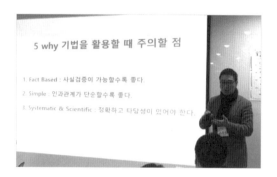

우리나라 탑골 공원에는 원각사지 10층 석탑이 있습니다. 마찬가지로 대리석으로 만들어졌는 데 부식이 심해져 지금은 유리벽으로 막아 놨습니다. 부식의 주범은 환경오염으로 인한 산성비, 그리고 마찬가지로 비둘기 똥이었습니다. 과연 비둘기들이 저 탑 위에 앉은 이유는 거미, 아니면 먹이 때문일까요? 아니요. 나뭇가지보다 앉기 편하고 층층마다 지붕이 있어 햇빛과 비를 피할 수 있었기 때문입니다. 마찬가지로 제퍼슨 기념관에 거미가 없어져도 앉기 편하고 지붕이 있으면 비둘기들은 계속 날아들 수 밖에 없습니다. 그래서 저는 비둘기 생태까지 고려하지 못하고 지어낸 사례라고 강하게 의심하는 겁니다.

그렇다면 5WHY기법은 문제 원인을 분석하는 데 전혀 도움이 되지 않는가?

그렇지는 않습니다. 문제의 원인이 다양하거나 다발적이지 않고 인과관계가 명확한 기술적인 문제, 예를 들어 불량, 품질, 낭비 등의 문제에 더 적합하고 경영에 있어서는 시스템, 제도 등의 문제에 더 적합하지 않나 하는 생각이 듭니다.

문제해결 연구회에 꾸준히 참석하고 치열하게 실습하고 질문하고 토론하다 보니 적어도 5WHY기법 하나 만큼은 정리가 되고 있습니다.

2019. 1. 21.(월) 유기상 씀.

해결에 집중하라

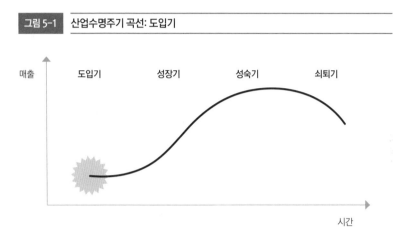

그림 5-1	산업수명주기 곡선: 도입기

도입기 특징

1. '도입기'에 접어든 산업(기업)은 '성장'이 더디다. 소비자가 잘 모르는 것도 있고, 규모의 경제 실현이 덜 되어 있는 점도 있기 때문이다.
2. 고객에게 알리고, 유통망 구축, 제품 완성도를 높이는 마케팅 경쟁을 한다.
3. 시장 선점 효과를 누릴 수 있으나, 자칫 캐즘(chasm)에 빠질 수도 있다.

2012년 창업한 피치항공(Peach Aviation)은 2013년 누적 탑승자 300만 명을 기록하는 기염을 토했다. 세간의 우려를 잠재우며 빠르게 성장기로 접어들 것이라는 전망이 쏟아졌다. 여기에 화답하듯 신이치 이노우에 사장은 2014년에 흑자전환, 2015년에는 누적 손실을 탕감할 것이라고 발표했다. 평균 탑승률 85%를 꾸준히 유지하고 있는 피치 항공, 창업 1년여 만에 이처럼 가파르게 성장세를 보이는 비결은 무엇일까?

피치 항공 사업 초기 이노우에 사장은 "브랜드를 어떻게 알릴 것인가?"에 골몰했다. 이는 단순히 '이미지' 각인을 뜻하지 않는다. '소비자가 인식하는 가격'과 '사업 비용'에 대한 문제이고, 이는 비즈니스 모델에 대한 고민이었다. 이노우에 사장 고민을 문제정의 하면 '피치 항공 사업 내용을 고객이 모르는 것이 문제다' 쯤으로 쓸 수 있다.

이노우에 사장은 이 문제를 해결하기 위해 '불멸의 조건'을 내 걸었다. 그것은 '항공 품질'이다. 이를테면 신박한 해결(안)일지라도 피치 항공이 추구하는 '안전하다', '결항 없다', '정시 출발'이 세 품질 조건을 훼손하는 것은 의사결정 할 수 없다는 것이다. 이 조건은 적중했다. 세 품질 지표인 취항률 99.8%(2013.4~9월 간)을 달성한 것이다. 이로 인해 피치항공이 얻은 명성이 '하늘을 나는 전철'이다.

하지만 이제 막 성장기로 접어든 피치항공에는 가치사슬(Value Chain) 상 잠복한 문제가 여전히 많았다. 특히 '본원적 활동'과 '지원 활동' 간 'FIT'을 일정하게 유지하기 위해서 이노우에 사장은 '업의 가치관' 공유를 우선했다. 상사 지시를 기다리는 사람은 사풍에 맞지 않다라고까지 말했다. 한번은 2분 늦은 고객이 환불을 요구했지만, 피치 항공은 '정시 출발' 원칙을 고수한 직원 편을 들어 컴플레인을 수용하지 않았다. 이 사건은 잠재 고객에게는 무척 불쾌한 감정을 남기고 '서비스가 최악'이라는 핀잔을 들은 것은 사실이지만, '그렇기 때문에 가격이 싼거야!'라는 인식을 심었다. 결과적으로 이노우에 사장이 고민한 '소비자가 인식하는 가격'을 제대로 전할 수 있었다. 여기에 '싸지만 정시 출발', '체크인이 간편해!'라는 입소문이 퍼지면서 '합리적 가격'이라는 인상이 만들어 졌고, 피치항공은 이를 브랜드 자산으로 축적한 결과 취항 1년 만에 누적 탑승객 300만 명을 달성한 것이었다.

2016년 파죽지세로 성장하는 피치항공 성공 비결을 묻는 질문에 이노우에 사장은 '우직하게 비즈니스 모델을 실천해 왔다'라고만 답했다. 실제로 피치항공은 2015년 매출이 전년 대비 3% 증가한 479억 엔, 영업이익 61억 엔으로 영업 이익률이 13%에 달한다. 이 수치는 평균 10% 미만인 일본 항공 업계 이익률에 비해 두 배 이상 높은 수치다. 산업 수명 주기 곡선 상 도입기 핵심인 '규모의 경제'를 실현했다는 평가다. 이는 다른 말로 표현하면 피치항공은 연착륙에 성공, 성장기에 접어들었다는 신호다.

도입기 특징 중 하나는 고객이 사업 내용을 잘 모르기 때문에 대부분 마케팅에 집중한다. 하지만 이노우에 사장은 '피치 항공 비즈니스 모델'을 알리기 위해 특별한 마케팅 활동을 펼치지 않았다. 되레 그가 한 일은 가치사슬 두 활동 간 'FIT'을 조율하는 데 힘썼다. '업의 가치관'을 공유하고, 원칙을 지킨 직원은 나무라지 않았다. 이 모습이 고스란히 고객에게 각인됐고, 자연스레 브랜드 이미지가 된 것이다. 사업 초기 마케팅에 집중하는 보편적인 활동을 마다하고 비즈니스 모델 'FIT'을 우선한 독특한 활동으로 피치항공은 캐즘(Chasm: 얼리어답터에서 대중으로 판매가 확산되지 않고 고랑에 빠지는 것을 비유한 현상)에 빠지지 않을 수 있었다.

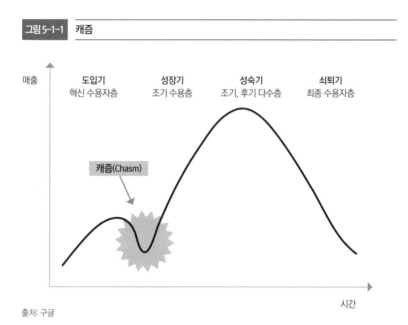

그림5-1-1 캐즘

출처: 구글

전략 경영 사례로 익히는 원인분석 **피치항공 성장기(2016년 ~ 현재)** ──○ᵪ

피치항공 2016년

1. '성장기'에 접어든 산업(기업)은 '수요'가 증가한다. 규모의 경제를 실현한 탓에 가격은 인하되고, 유통망은 안정되어 있다. 하지만 경쟁자가 등장하는 시기이다.

그림 5-2 | 산업수명 주기곡선 '성장기'

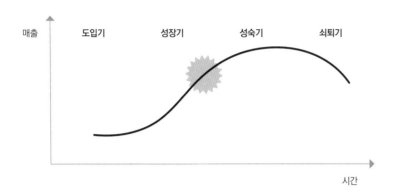

2. '수요'가 넘쳐나기 때문에 시장 점유율을 뺏지 않아도 기업 수익은 증가한다. 하지만 이 시기 향후 도래할 시장 점유율 싸움을 미리 준비해 둔 기업만이 지속 가능하다.

3. 즉, 성장기는 수익이 높다 하되 하늘 아래 뫼(산)일 뿐이다.

성장기에 들어 선 피치 항공, 경쟁사는 '라이언 에어'이다. 연간 1억 명 이상 탑승, 평균 정시 출발률 90% 전후, 탑승률도 93%에 달한다. 이노우에 사장은 라이언에어의 이 수치에서 늘 영감을 얻는다고 한다. 창립 20년이 지난 지금까지도 라이언 에어의 실적이 꺾이지 않는 힘은 '조직문화'에 있다라는 것이 피치항공이 '성장기'를 맞이하는 출발점이다.

성장기는 잠시 뿐이라는 것을 이노우에 사장은 잘 알고 있었다. 경쟁자가 빠르게 출몰하기 때문이다. 이노우에 사장은 성장기 호황에 안주하지 않고, 선제적으로 성숙기를 준비했다. 성숙기 준비 최우선순위는 신규 고객이 더 늘지 않고 성장률이 둔화되는 조정기(성장기에서 성숙기로 접어드는 시기)를 극복하는 것이 관건이다. 생산 능력을 최대치로 끌어올리기 때문에 공급은 포화 상태이기 때문이다. 이 현상은 가격 인하 경쟁을 필연적으로 끌고 온다. 피치 항공도 예외는 아니었다.

2016년을 맞이한 이노우에 사장은 좌석 생산량 30%를 더 높이라는 목표를 발표했다. 공급 과잉이 우려되지만 피치 항공은 거점(간사이, 나하, 센다이)을 확보하는 것으로 균형을 맞추겠다는 것이다. 여기서 한 발 더 나아가 2020년에는 항공기도 현재 17대(2016년 기준)에서 두 배 늘리는 사업 규모를 구상 중이라고 밝혔다. 곧 있을 조정기를 대비하는 이노우에 사장은 '가격경쟁'을 피하지 않고, 오히려 성숙기 특징인 성장률 한계를 돌파하는 유일한 힘은 '브랜드 충성도(Royalty)'라고 판단했다.

이노우에 사장은 '규모의 경제'를 달성한 '저가 프리미엄', '초과 수요로 인해 호황'을 맞이한 성장기, 가격 경쟁이 심화될 것이 예상되는 '조정기'를 지나면 '브랜드 충성도'가 중요한 성숙기를 맞이한다. 이노우에 사장은 이 시기를 '원가 절감'으로 돌파해야 한다고 판단했다. 피치 항공 비즈니스 모델을 시작부터 샅샅이 재조사했다. '구매', '서비스', '광고 문구', '직원 가치관'까지 세분화하고 디테일을 높였다. 결과는 성공적이었다. 특히 '체크인 기기'와 '기내식', '고객 응대'는 많은 화제를 일으켰다. 도대체 어떤 아이디어였길래 고객은 관심을 가졌을까? 게다가 원가절감까지, 이보다 더 궁금한 점은 기내식은 어땠길래 인기 폭발했을까?라는 점이다. 고객 응대까지? 피치 항공 그들은 도대체 무슨 짓을 한 것일까.

피치항공의 원가집중

1. 개요 저가 프리미엄으로 규모의 경제를 달성한 도입기, 초과 수요로 인해 호황을 맞이한 성장기, 피치항공은 곧 있을 조정기를 선제적으로 준비하기 위한 가치사슬을 재정비 중이다.

2. 이슈

a. 사업 초기 브랜드 자산의 토대인 '안전', '무 결항', '정시 출발' 품질을 유지하면서 원가절감 방안 역시 한 번 생각해 볼 만한 이슈이다.

b. 경쟁사 라이언에어의 탑승률은 93%, 자사(피치항공)는 85% 두 격차를 줄이는 방안 역시 한 번 생각해 볼 만한 이슈이다(검토할 시점이다).

c. 조정기 가격경쟁은 영업이익을 떨어트리는 요인으로 이를 극복할 방안 역시 한 번 생각해 볼 만한 이슈이다(검토할 시점이다).

d. 가치사슬의 본원적 활동과 지원활동은 성숙기를 대비하는 차원에서 구조조정은 한 번 생각해 볼만한 이슈이다.

e. 성숙기를 선제적으로 준비하는 입장에서 원가절감은 가장 큰 이슈이다.

3. 문제정의 질문 가치사슬 내 고객응대 차원(미탑승 고객이 증가하는 현상) 원가가 점점 높아지고 있다. 무엇이 문제인가?

4. 문제정의문   셀프 체크인 기기를 쓰는 고객 탑승률이 떨어지는 것
이 문제다.

5. 원인분석

1st WHY	왜, 고객 탑승률이 떨어집니까?
	정시에 도착하지 않기 때문이다.
2nd WHY	왜, 정시에 도착하지 않습니까?
	셀프 체크인 기기 작동 시간이 오래 걸리기 때문이다.
3rd WHY	왜, 셀프인기기 작동 시간이 오래 걸립니까?
	셀프 체크인 기기를 쓰는 고객 중 고령자 층은 작동이 어렵기 때문이다.
4th WHY	왜, 고령자 층이 셀프 체크인 기기 작동이 어렵습니까?
	셀프 체크인 기기 작동 버튼에 새긴 글씨가 작기 때문이다.
5th WHY	왜, 셀프 체크인 기기 작동 버튼 글씨는 작게 새겨져 있습니까?
	규격화된 셀프 체크인 기기를 일률적으로 쓰기 때문이다.

◆ **과제:** 피치항공 독자적인 셀프 체크인 기기를 어떻게 만들 것인가?

6. 대안탐색   실제 탑승률이 낮은 원인으로 셀프 체크인 기기를 이용
하는 고객 중 고령층((피치항공을 이용하는 국내 탑승객 대부분은 20 ~ 30대
반면에 일본은 50 ~ 60대 층이 꽤 많은 편)이 있고, 이들 대부분이 노안인 탓

해결에 집중하라

에 기존 체크인 기기의 작은 버튼에 새겨진 글씨를 읽는 데 애로사항이 있음을 알았다. 피치항공은 체크인 기기 화면을 크게 하고, 버튼을 터치식으로 바꾸는 방향으로 아이디어를 좁혔다.

하지만 새로운 문제가 발생했다. 디스플레이를 크게 하는 아이디어까지는 좋았으나 이 디스플레이를 받치는 프레임을 기존 셀프 체크인 기기 재료로 쓰는 것은 원가상승 요인이었다. 이에 피치항공은 '셀프 체크인 기기 디스플레이를 키우되, 체크인 기기 틀 재질 원가를 어떻게 낮출 것인지?'를 놓고 다시 대안탐색에 들어갔고, 플라스틱 류, 종이 류, 톱밥 류, 유리 류 등 여러 재질 검토 했다. 하지만 원가절감 아이디어로 적절하지 않았다고 한다. 포기할 수 없는 일이었고, 마침내 원가절감을 만족하는 재질을 찾은 것이 바로 '골판지'이다.

그림 5-3 골판지로 만든 셀프 체크인 기기

출처: 구글

골판지로 만든 셀프 체크인 기기가 오사카 공항에 등장했을 때, 경쟁사는 '없어 보인다'라고 비웃었지만, 고객은 '피치항공 답다'라는 반응을 보였다고 한다.

피치항공의 이 같은 원가절감 노력은 단순한 전략은 아니다. 지속적인 경쟁우위를 유지하면서 경쟁사를 따돌리기 위한 철저한 경쟁전략이다. 하지만 가격 경쟁을 만회하는 수단으로 원가절감은 한계가 있다. 이에 피치항공은 색다른 아이디어로 차별화해 나간다. 요컨대 '원가절감'으로 비용을 낮추고, '차별화 전략'으로 매출을 올리는 것이다.

그림 5-4　피치항공 가치사슬

지원활동	기업하부구조 Firm Infrastructure				
	인적자원 관리 Human Resource Management				
	기술개발 Technology Developement				
	조달 Procurement				
본원적 활동	·비행 노선 ·승객 서비스 　시스템 ·원가 시스템 ·연료 ·비행 일정 ·승무원 일정 ·기내 서비스 　시스템 ·항공기 구입	·티켓 발급 　시스템 ·탑승구 운영 ·비행기 운영 ·탑승 서비스 ·화물 서비스 ·티켓 발급처	·화물 이동 　시스템 ·비행 시간 ·렌터카와 　호텔 연계 　시스템	·프로모션 ·광고 ·마일리지 ·여행 대행사 　프로그램 ·단체 할인 　프로그램	·분실 화물 　대응 ·고객 불만 　처리
	경쟁전략 지향점	원가 집중 전략		집중 차별화 전략	

피치 항공은 기내식을 판매하기로 결정했다. 이는 쉽지 않은 결정이다. 우선 승무원 피로도가 증가한다. 이는 고객 응대 효과성을 낮출 수 있다. 이뿐만이 아니다. 비행 중량이 증가한다. 이 점은 유류비 증가로 이어진다. 게다가 수요 예측을 실패하면 기내식은 고스란히 폐기 처분해야 하기 때문에 이 역시 원가 상승 요인이다.

피치 항공은 '팔릴 수 밖에 없는 기내식'을 개발했다. 예를 들어 장어덮밥은 일본인이 건강 보양식으로 가장 즐겨 먹는 음식이다. 하지만 가격이 비싼 장어 덮밥을 저가 항공인 피치 항공에서 판매한다는 것은 무리였다. 피치 항공은 장어 덮밥을 기내식으로 판매한다면, '반드시 사먹을 것이다'라는 확신을 가졌다. 피치항공은 어떻게 이 아이디어를 '팔릴 수 밖에 없는 기내식'으로 만들었을까?

피치항공은 킨다이 대학(오사카 소재)과 협약해 '장어맛 메기 덮밥'을 개발했다. 실제 장어 덮밥 보다는 싸고, 맛은 장어 덮밥 못지 않다는 '맛있다 재밌다'라는 평이 입소문을 탔다. 사전 예약을 해야 기내에서 먹을 수 있는 만큼 재고 부담도 사라졌다. 승무원 피로도와 비행 중량 역시 이익이 많은 만큼 이를 상쇄할 수 있었다.

피치항공의 문제를 정의하고 이를 해결하기 위한 대안 탐색력은 2가지에서 찾아 볼 수 있다. 하나는 이노우에 사장이 사업 초기 부터 줄기차게 강조하는 '업의 가치관'과 경쟁사인 '라이언 에어'를 따라 잡기 위한 집념의 결과이다. 피치항공은 라이언에어를 따라잡기 위해 관습에 얽매이지 않는 채용을 실시했다. 이는 2010년 라쿠텐이 이미 한 번 사용한 '영어'를 사내 언어로 쓰는 것과 그 궤를 같이 하고 있다. 피치항공 역시 '영어'를 사내언어로 지정하고, 영어 회화를 장려하고, 영어로 커뮤니케이션이 능한 사람을 우선 채용했다. 이런 노력이 곧 라이언에어를 경쟁에서 이길 수 있다는 믿음 역시 피치항공의 대안탐색력 원천이기도 하다.

피치항공 차별화 전략은 독특하다. 한 번은 오사카에 사는 한 주부가 '날려달라!'라는 제목의 글을 인터넷 게시판에 올렸다. 그 주부 사연은 이렇다. '도쿄 디즈니랜드에 꼭 한 번 가보고 싶은 데, 자신은 주부이기 때문에 아침에 갔다 저녁 전에는 집으로 돌아와야 한다'라는 것이다. 여느 항공사라면 무시했을 이 주부 사연을 피치항공은 '오사카 – 도쿄

그림 5-5 피치항공 경쟁전략

Porter. M. E. 1990 The Competitive Advantage of Nations. New York: Free Press: 39.		경쟁우위	
		저원가	차별화
경쟁범위	광범위한 시장	**원가우위 전략**	**차별화 전략**
	좁은 시장 국내: 중·장년 여성 해외: 20~30대 여성	**원가집중 전략** – 셀프 체크인 기기	**집중차별화 전략** – 장어맛 메기 덮밥 – 오사카·도쿄 5000엔 – 피치항공·난바 마케팅

해결에 집중하라

5000엔 편'이라는 상품을 만들었다. 그 주부 말대로 '오사카를 아침에 출발한 후 저녁 전에는 오사카로 돌아오는 상품'이다. 현재 이 상품은 피치항공 최고 탑승률을 기록하고 있다. 틈새 전략까지 성공한 셈이다.

피치항공 마케팅 전략 특징은 '입소문'으로 요약할 수 있다. 사업초기 정시 출발에 항의한 고객 의견을 들어주지 않은 사건부터가 그렇다. 성숙기를 대비하는 피치항공 마케팅은 소비자는 어떻게 항공권을 예매, 구매하는지를 분석하는 것으로 시작한다. 항공권 예매 구매 경로는 왜 궁금할까? 마케팅 비용을 줄이려는 목적이 있다. 20 ~ 30대 한국 대만 고객을 아우르는 조사 결과 피치항공이 내린 결론은 '인터넷'이다. 이노우에 사장은 TV와 신문 광고는 더 이상 효과 없다는 결론을 내리고 온라인을 중심으로 '피치항공 서비스를 이야기화하는 홍보와 입소문 마케팅을 적극 활용했다. 사실 셀프 체크인 기기를 골판지로 만들었을 때 '피치항공답다'라는 한 마디는 입소문이 얼마나 큰 효과가 있는지를 증명하는 대표적인 사례다.

이밖에도 고향에 납세를 하면 마일리지를 제공하는 아이디어, 피치 항공권으로 전철과 리무진을 탑승할 수 있는 '피치항공 - 난바' 마케팅은 숱한 입소문을 낳았고, 마케팅 비용을 줄이는 일석이조 효과를 거뒀다. 2017년을 기준으로 피치항공은 23대 항공기 보유, 15개 국제선 노선, 16개 국내선 노선을 보유하고 있다. 1일 100여 편 운항, 매일 13,000 명 이상이 이용하는 아시아에서 가장 주목하고 있는 저가 항공사로 성장하는 중이다. 하지만 성숙기로 접어든 2019년 피치항공은 경쟁사인 바닐라에어를 합병한 후 수익성 악화로 사업 6년여 만에 1억 9300억 엔 순손실을 기록하는 적자를 냈다. 바닐라 에어 합병으로 인한 비용 지출이 원인이라고 발표했지만, 경쟁사인 라이언에어를 의식한 과도한 몸집 부풀기라는 비판도 있다. 피치항공의 대안탐색력이 이 위기를 어떻게 극복할 것인지가 새로운 관전 포인트가 됐다.

대안 탐색 기술 ① 스캠퍼(SCAMPER)

'삼성전자 어닝쇼크(2019.04.04)' 기사 제목이 눈길을 끈다. 염려와 걱정을 담은 분석과 논평이 줄을 잇는다. 반도체가 대체 어떻게 됐다는 것인지 궁금해 구글링을 했다. '반도체 제조 공정에서의 환경 유해성 배출물 절감 기술 동향(1988)' 논문이 검색됐다. 신문 기사에서는 언급하지 않은 주제여서 호기심이 들었고, 초록을 읽어 내려가는 중 문제해결 연구에 쓸 만한 사례를 발견했다.

이 논문 문제인식은 제목에 잘 드러나 있다. 이를테면 논문은 '절감 방안 동향'을 둘러보는 것이고, 핵심은 '절감 방안'이다. 방안은 일을 처리하는 방법 또는 계획이다. 일처리를 잘 하기 위해서 '아이디어'는 필수다. '아이디어는 어떻게 생기는 것일까? 또는 얻을 수 있을까?'라는 질문에 '브레인스토밍(Brainstoming)'은 보편적인 답변이다. 여기에 아이디어를 모방하고 확장하는 '스캠퍼(SCAMPER)'까지 알고 있다면 대안

탐색은 식은 죽 먹기다.

반도체 공정에서 발생하는 오염물질들은 기상 형태 배기가스, 액상 형태 폐수, 폐기물 세 가지 형태로 나누어 볼 수 있다. 기상 오염물질을

그림 5-6 절감방안 로직트리 정리

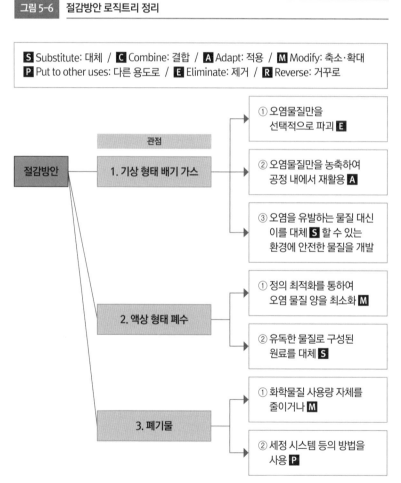

출처: 청정기술 = Clean technology v.4 no.1 = no.6, 1998년, pp.6 – 23 / 반도체 제조 공정에서의 환경 유해성 배출물 절감 기술 동향, 본문 발췌

억제하기 위한 기술로는 오염물질만을 선택적으로 파괴하거나 오염물질만을 농축하여 공정 내에서 재활용하는 방법, 또는 오염을 유발하는 물질 대신 이를 대체할 수 있는 환경에 안전한 물질을 개발하는 방법 등이 있다. 액상 오염물질을 저감시키는 기술로는 공정 최적화를 통하여 오염물질 양을 최소화하는 방법과 유독한 물질로 구성된 원료를 대체하는 방법 등이 있다. 또한 근본적인 오염원을 제거하기 위하여 화학물질 사용량 자체를 줄이거나 기상을 이용한 세정 시스템을 사용하는 것도 연구중이다.

위 논문 초록 일부 내용을 연구회 방식으로 정리한 것이 〈그림 5-6〉, 로직트리 정리이다. 추론컨대 논문 저자는 논문을 쓰기 전 로직트리로 내용을 구조화 했을 것이다. 로직트리를 쓰면 복잡한 얼개도 단순하고 명료하게 한 눈에 파악할 수 있다. 무엇보다도 흩어져 있는 많은 양의 아이디어를 간략하게 요약할 수 있다.

논문 초록은 로직트리로 정리한 1-2-3 순으로 글을 썼고, 그다음 1-①, 1-②, 1-③ 순으로 썼을 것이다. 글 전개가 흩어짐 없이 이치에 맞다. 논문 글 쓰기를 할 때 로직트리 만한 글 정리 도구는 없을 것이다.

초록 내용 일부를 인용한 이 논문은 '절감 방안'을 따져 보고 현재 기술 형편을 가늠한 후 시사점을 제시하고 있다. 과학 분야인 점을 고려할 때, 논리는 탄탄해야 한다. 탄탄한 논리는 다름아닌 논문 저자 주장을 뒷받침하는 근거는 물론이거니와 무엇보다 글 내용이 상호 중복하지 않는 관점을 제시하는 것이다. 스캠퍼는 바로 이 논리적인 관점을 제시

해결에 집중하라

하는 도구이다. 논문에서 제시한 여러 아이디어는 스캠퍼로 모두 분류가 가능하다. 따라서 스캠퍼는 아이디어를 확장하는 데 요긴한 점도 있고, 많은 수의 아이디어를 분류하는 데도 쓰고, 아이디어 간 충돌을 방지하는 관점을 제공한다는 점에서 유용한 도구다.

스캠퍼는 본래 브레인스토밍의 한계를 극복하기 위해 고안한 것이다. 브레인스토밍을 시작하면 한 사람이 낼 수 있는 아이디어 개수는 최고 5~7개 정도다. 6명이 참여한 브레인스토밍을 한다면, 최대 42개 아이디어를 얻을 수 있다. 이 양이 적은 수는 아니지만 '다카하시 마코토'가 쓴 '창의력 사전'에서 '브레인스토밍 최종 아이디어 개수는 120~150개가 적당하다'라고 밝히고 있다. 이 말인즉 아이디어 개수가 많으면 많을수록 과제를 해결하는 데 온전한 아이디어를 얻을 확률이 높다는 것이 그의 주장이다.

스캠퍼는 바로 다카하시 주장이 거짓말이 아니라는 점을 증명한다. 이를테면 최고 42개 아이디어 개수에서 답답한 상태를 깨고 세 배 넘는 아이디어를 얻을 수 있는 마중물 역할로 스캠퍼만한 도구는 없다는 것이다. 스캠퍼 원리는 '사칙연산(+, -, x, ÷)'을 떠 올리면 쉽다. '더하기'는 '결합', '빼기'는 '제거'를 '곱하기·나누기'는 '확대·축소 또는 다른 용도'로 해석한 것이다. 여기에 '대체', '적용', '역으로'라는 개념을 보탠 것이다.

문제해결 연구회도 스캠퍼를 애용한다. 하지만 리더십 문제 또는 커뮤니케이션 문제를 다루는 워크숍에서 대안탐색 용도로 스캠퍼는 불편하다는 볼멘 소리를 듣곤 한다. 이 의견은 충분히 일리가 있는 주장이다. 하지만 스캠퍼를 자주 쓰지 않은 낯섦 때문에 익숙하지 않은 점이 문제라면 해결 방안은 줄기차게 쓰면서 몸으로 익히는 것이 최선이다. 예를 들어 리더와 정서적 친밀감을 높이는 방안으로 '인사말을 먼저 건넨다'라는 아이디어를 스캠퍼 해 보면, '말'을 빼면 '얼굴 표정으로 인사한다', 커피와 결합하면 '인사말을 하면서 커피를 건넨다', '인사말을 하면서 포옹한다' 등으로 쓰면 쓸수록 재밌고 재치있는 아이디어가 속출한다. 간혹 아이디어 스캠퍼에 열중하는 데도 불구하고 아이디어가 좀처럼 확장하지 않거나 아이디어가 후지다고 느낄 때가 있다. 솔직하게 말해서 이런 현상은 실행하고 싶지 않은 아이디어이거나 마음에 확 와닿지 않는 경우다. 상사에게 먼저 가서 인사 하면서 포옹하고 싶은 이는 없다고 보는 것이 합리적일 것이다.

이런 점에서 스캠퍼는 내용보다는 짧은 시간 내에 아이디어 수를 폭발적으로 생산하는 데 목적을 둔 도구이다. 이런 면은 브레인스토밍을 꼭 닮았다. 해서 문제해결 연구회가 말하는 대안탐색은 곧 '브레인스토밍과 스캠퍼'를 한 묶음으로 해서 워크숍을 한다. 최근에는 이렇게 얻은 아이디어 프로토타입을 만드는 것을 포함해 '브레인스토밍-스캠퍼-프로토타입'까지를 한 세트로 쓰곤 한다. 디자인 싱킹 절차 중 일부를 응용한 것이다. 한 가지 새로운 발견이 있다. 앞서 소개한 글이 스캠퍼를 활용해서 쓴 논문인지는 확인할 수 없으나 적어도 '절감 방안'을 제목으로 하는 문제해결 보고서 또는 기획서를 써야 한다면 이 논문이 제시한 관점을 참고한 후 전개한다면 제법 수준 높고 게다가 논리적인 업무 보고를 할 수 있다.

로직트리 쓰는 법 ─────────── 🔍

문제해결 절차를 순차적으로 전개할 때, 각 단계 내 전개 방식은 '아이디어(의견) 내기 - 중복 제거 - 우선순위 선정' 순서를 지킨다. '아이디어(의견) 내기'는 브레인스토밍 원칙을 따르고, '중복 제거'는 MECE(Mutually Exclusive Collectively Exhaustive · 서로 배타적이며 부분의 합이 전체를 이루는의 뜻) 원리를 적용한 것이다. 우선순위는 말 그대로 여러 개 아이디어 중 주제에 가장 적합한 것을 1순위로 선정하는 일이다. 이 과정은 다시 나누면 '아이디어(의견) 내기'는 발산 과정이고, '중복제거 - 우선순위 선정'은 수렴 과정이다. 이 중 '중복제거' 활동이 중요하다. 그 까닭은 '중복'은 '논리(Logic)'와 상극이기 때문이다. 요컨대 논리는 서로 배타적인 것으로부터 '합'을 이루는 과정이지만, 중복은 그 배타성을 포함하고 있기 때문이다. '귀에 걸면 귀걸이, 코에 걸면 코걸이'라는 옛말은 '중복'이라는 뜻을 적절하게 설명한 속담이다. 물론 '문제 정의'는 다양한 시각 차를 존중한다. 하지만 논리는 갖춰야 한다. 이러한 배경 때문에 '중복 제거'는 문제해결 워크숍을 할 때 각 단계별로 매우 비중있게 다루는 활동 중 하나이다.

　'중복 제거' 활동 역시 '로직 트리(Logic Tree)'로 구조화 할 수 있다.

로직트리를 '생각 정리 도구'로 쓰는 까닭은 관점을 갖고 아이디어를 펼칠 때도 유용하지만, 서로 중복하는 아이디어를 솎아낼 때 역시 요긴한 도구다. 이외에도 아이디어를 계층화 할 때, 분류할 때 모두 이롭게 쓸 수 있다.

로직 트리는 나무가 가지를 뻗은 모습에서 착안했다. 나무가지가 평균 세 갈래로 뻗어 나가는 것을 보고 '3의 법칙'을 따른다고도 하고, '정반합' 원리라고도 한다. 이 둘은 모두 사고방식을 의미한다. 또한 로직 트리는 실용적이어야 한다. 아이디어를 펼치고 모으는 일이 잦은 문제 해결 절차에서 세 개 관점으로 아이디어를 펼치고 모으는 일이 많다. 로직트리는 이 때 가장 효율적이고 합리적인 도구이다. 생각 정리 도구 대표격으로 로직트리를 쓰는 까닭 역시 이 실용성 때문이다. 한가지 짚을 점은 '세 개 관점'은 서로 중복하지 않는 것이라는 말로 MECE 원칙을 품고 있는 말이다. 이런 로직트리는 한 번 보고 듣는 것으로 노련하게 쓸 수 없다. 일정 기간 의지를 갖고 반복하는 일이 가장 빠르게 익히는 지름길이다. 일례로 자신이 참여하는 모든 회의 내용을 의도적으로 로직트리로 정리하는 습관을 들이면 짧은 시간 안에 큰 성과를 낸다.

그림 5-7 | 회식메뉴 정리, ○○그룹 워크숍

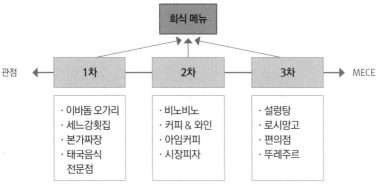

출처: ○○그룹 워크숍

그림 5-8 | 살 빼는 방법, ○○화학 워크숍

출처: ○○화학 워크숍

그림 5-9   고베제강 몰락 사례 내용 정리

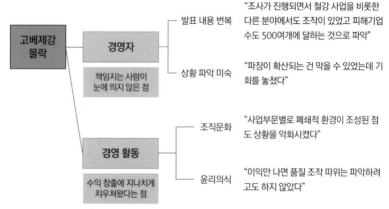

출처: [日제조업 위기의 교훈] ① 고베제강이 잃은 건 신뢰였다, 비즈니스워치, 이돈섭 기자, 2017

외전 **간판과 기획 그리고 MECE** ────────────

이번에는 '간판' 얘기다. 상점 주인에게 간판은 손님을 만날 수 있는 접

점이다. 간판을 만드는 사람에게는 '평생 먹고 살 수 있는 기술'일 것이

다. 오래 전 얘기지만 새로운 간판이 동네에 하나 생기면 '떡'을 돌리고,

사람들이 모여 돼지 머릴 두고 고사를 지냈다. 함선 진수식 버금갈 정도

로 밤늦게까지 시끄러웠다. 하지만 요즘 간판은 애물단지가 된 듯, 지방

자치 단체들은 도시 정비를 이유로 간판 정비 일제 기간을 두기도 한다.

이 양상이 마치 상점 주인과 숨바꼭질을 정기적으로 하는 보였다. 반면

에 간판 디자인 공모전을 자치 단체가 주도하는 경우도 있다. 이 때 간

판은 도시미관의 화룡점정(畵龍點睛)으로 취급받는다.

'간판과 기획' 얘기를 쓰려고 하다 보니 간판을 유심히 바라보게 된다. '간판의 모든 것'을 페이스북에서 검색해 보니 재치 있고 기지 넘치는 간판이 넘쳐 난다. '간판 기술' 시대에서 '아이디어 간판' 시대를 맞이한 것 같다.

해외 유명 도시 간판과 우리나라 도시 간판에는 차이점이 하나 있다. 해외 간판은 '이미지' 중심이고, 우리 간판은 '글자' 중심인 점, 해외 간판은 '4절지' 크기 정도인 반면 우리는 '대형 간판'도 부족한지 '입간판', '애드벌룬 간판', '돌출형 간판' 등 크기와 형태가 다양한 점이다. 아이디어도 놀라웠지만 간절함도 묻어 났다.

자주 들르는 상가 건물 외벽을 살폈다. 상가 외벽은 한 뼘 공간도 없이 간판으로 빼곡하다. 일심동체 형 프랜차이즈 간판에서부터 한 글자 '酒', 문장형 간판 '우리 '헤어hair'지지 말자'까지. 간판 글만 봐서는 감성시대가 온 것이 확실하다. 하지만 한 치 게으름도 용납지 않겠다는 듯 '영어', '수학', '국어' 두 글자가 두 쪽 창에 찰떡같이 붙어 있는 것도 있다.

상가 입구에는 입간판이 즐비하다. 모두 도시 정비 대상이다. 민원이 끊이지 않는 골치 거리이기도 하다. 지나가다 부딪히는 것은 예사다. 애드벌룬 형 입간판은 요즘 대세지만 전기 힘으로 서 있는 탓에 전깃줄에 발이 곧잘 걸려 넘어지는 이를 종종 보곤한다. 바람이 세게 부는 날에는 입간판이 날아다녀 사고 원인이라고도 한다. 옥외 광고물 설치에 관한 법률을 지키고는 있지만 '먹고사니즘' 탓에 감시망을 잠시 피하면 거리로 다시 나올 수밖에 없다.

주상 복합 건물 앞에는 입주 상점들 안내판이 따로 있었다. 안내판에는 상점 이름을 A4 용지 크기로 입주 순서대로 붙여놨다. 분식·피자·치킨·빵집·헤어숍·부동산·학원·병원·약국·옷가게 순서로 입점한 듯하다.

이런 방법은 어떨까. 먼저 업종이 같은 상점끼리 묶는다. 식당끼리 학원·병원끼리 말이다. 옷가게·부동산·약국도 이 같은 방법으로 하면 된다. 이 때 한 묶음에 포함하는 기준이 있다. 각 묶음 속 정보는 개수가 같아야 한다. 우리 뇌가 정보를 3개씩 묶어 하나로 기억하는 '청크(chunk)' 원리다. 청크는 각 묶음에 이름표를 붙여 뇌가 기억하게끔 한다. 백반·설렁탕·부대찌개는 '밥'을 공통점으로 하는 '한식'으로 이름표를 붙이는 것이다. 하지만 분식점이 문제다. 분식점에는 세상 모든 음식이 다 있다. 실제로 분식점 한 곳 메뉴를 세어보니 68가지나 된다. 분식점은 양식과 겹치고 중식과도 중복되는 음식이 많다. 새롭게 음식이 개발 될수록 한식·일식·중식 분류에서 누락되는 것들도 많아지고 있다.

이처럼 수집한 정보를 분류할 때 '중복되거나 누락된 것'이 많으면 우리 뇌는 복잡하다고 느낀다. 복잡하면 선택을 망설인다. 망설임 속에 선택한 음식 맛은 언제나 '억지춘향'이다. 반면에 해외 유명 도시 간판이 예쁘게 보이는 까닭은 사람 사는 이치에 맞는 단순함 때문이다. 뇌는 본래 복잡한 것을 못 견뎌하듯이 간판 역시 복잡하면 사고를 일으킨다. 간판이 도시 미관의 화룡점정(畵龍點睛)으로 거듭나기 위해서는 이처럼 '단순 명료'하고 MECE 해야 한다는 말이다.

MECE(MECE · Mutually Exclusive Collectively Exhaustive)는 복잡한 정보를 '단순 명료'하게 정리하는 원리이고, 중복을 싫어한다. 요컨대 정보 양과 수가 많으면 많을수록 뇌는 청크라는 꾀를 낸다. 청크도 점점 많아지면 뇌는 다시 MECE라는 꾀를 내어 청크로 묶인 것들 중 중복하는 내용은 없는 지 누락한 내용은 없는지를 살핀다는 것이다. 이 원리를 어기면 둘 중 하나는 사라진다. 이 꾀가 제대로 잘 먹히면 뇌는 청크를 담는 '로직트리(Logic Tree)'를 만든다. 그러면 청크는 자기 자리를 착착 찾아 앉는다. 단순 명료하고 질서 정연한 모습은 전체를 한 눈에 파악할 수 있고, 저마다 톡톡 튀는 개성을 뽐내는 아름다운 생각나무로 자란다. 우리 주변 간판이 복잡한 것은 '꾀'를 내지 않고 게으름을 핀 때문 아닐까 싶다. 이제는 도시미관을 위한 '꾀'를 제대로 낼 차례다.

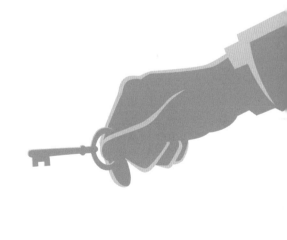

머크 샤프 앤 돔은 제약 회사이다. 본사는 미국 뉴저지에 있다. 독일 다름슈타트(Darmstadt)에도 머크(Merck)가 있다. 본래 머크 사는 1668년 천사약국(Engel Apotheke)으로 문을 연 이후 오늘날까지 사업을 이어오고 있다. 1827년에는 대규모 생산설비를 갖추고 제약 사업 외에도 화학 분야까지 사업을 확장했고, 미국까지 진출했다. 하지만 제1차 세계 대전이 끝난 후 미국에 터를 잡은 머크 사는 몰수 당했고, 1917년 조지 W. 머크가 이를 다시 돌려 받아 독일 머크 사와는 다른 머크 사를 설립했다. 두 회사는 미국에 설립한 머크 사는 약칭 'MSD(Merck Sharp & Dohme)'로, 독일 머크 사는 EMD(Emanuel Merck, Darmstadt)로 쓰기로 협약했다. 이는 미국과 캐나다 지역에서만 해당하고 이 두 지역을 제외한 190여 국가에서는 동일하게 '머크(Merck)'라는 브랜드를 쓴다.

EMD 대표 사업은 제약업이다. 생명과학, 기능성 소재, 액정 제품까지 생산판매한다. 특히 디스플레이와 반도체 소재인 액정은 머크가 1888년 최초로 개발했다. 2018년 기준 매출은 148억 유로, 영업이익 17억 유로이다. 반면에 MSD는 제약업에 집중하고 있다. 2017년 기준 매출 401억 달러, 영업이익 65억 달러이다.

1970년 대 서아프리카 특히 가나(Ghana) 지역은 지독한 풍토병이 있었다. 사상충에게 감염된 흑파리에게 물리면 실명하는 병이었다. '강변 실명증(River Blindness)'이란 병이었다. 하지만 이 병을 막을만한 치료할 만한 항생제가 당시에는 없었다. 1974년 오무라 사토시는 토양에서 항균 성분을 찾던 중 새로운 균을 발견하곤 이 균을 '아버맥틴(Avermectin)'이란 이름을 짓고, 당시 교류 연구중인 파트너 윌리엄 캠벨 MSD 연구원에게 보냈고, 아버맥틴이 동물기생충을 박멸하는 데 탁월한 효능이 있다는 점을 알아냈다. 1981년 '이버맥틴(Ivermectin)'이란 이름으로 제조 생산 판매한 이래로 매년 10억 달러 매출(2015년 기준)을 기록하는 MSD 캐시카우(Cash Cow) 역할을 하고 있다.

MSD 연구는 여기에서 그치지 않았다. 이버맥틴이 동물 기생충 박멸에 효능이 뛰어난 점을 착안 서아프리카 일대에 창궐하고 있는 '강변 실명증'을 치료할 수 있을 것이란 생각으로 사람을 대상으로 임상 실험에 돌입했다. 1987년 마침내 미국 식품의약국(FDA)로 부터 '사람에게 투약 허용' 판단을 받았다. MSD는 이 약을 '맥티잔(Mectizan)'으로 이름 붙이고, 곧바로 기부를 선언했다. 이름하여 '맥티잔 기부 프로그램'이다. 이 프로그램은 지금까지 4억 8천여 명에게 시력을 찾아 줬다. 2017년 국제 라이온즈 클럽 발표에 따르면 강변 실명증은 2017년 기준 13개 나라 중 11개 나라에서 더는 발견되지 않고, 아프리카 지역은 그 성과가 마무리 단계에 있다고 발표했다. 또한 2020년을 실명 원인인 회선 사상충이 완전히 박멸할 것으로 전망했다. 이 같은 성과에 힘입어 오무라 사토시와 윌리엄 캠벨은 2015년 노벨 생리의학상을 수상했고, 지금까지 MSD가 기부한 맥티잔은 총 96억 달러(한화 약 11조원, 2016년 기준)이다.

해결에 집중하라

신약을 개발하는 데는 연간 26억 달러라는 비용이 든다. MSD는 이 막대한 비용을 쓴 후에 '기부'를 전략적으로 택한 까닭은 뭘까? '맥티잔 기부 프로그램'을 이어가던 중 MSD에 위기가 닥쳤다. 정부가 약품 가격을 통제하자 제약사는 연구비용을 축소했다. 글락소 웰컴과 노바티스는 합병을 통한 방식으로 시장 지배자로 등장했다. 그 결과 MSD 매출 규모는 3위로 밀려났다. 이 난국을 돌파하기 위해 선임된 최고경영자가 '레이먼드 길마틴'이다. 레이먼드 최고경영자는 '신약 개발'을 위기 돌파 전략으로 내세웠고, 맥티잔 기부 프로그램도 중단하지 않았다. 요컨대 비용을 줄이는 방식 대신 과감한 투자 방식으로 경쟁자와 전략 차별화를 선택한 셈이다. 특히 맥티잔 기부 프로그램을 이어간 목적을 두 가지로 밝혔다. 첫째, 기부는 장기투자라는 점 둘째, 직원에게 인류 건강에 도움을 주는 약을 만들자고 다짐했는데, 회사가 돈이 안된다고 약품 개발을 포기하거나 기부를 중단한다면 직원은 어떤 생각을 가질까?를 생각하면 맥티잔 기부 프로그램을 중단하지 않은 이유를 알 수 있다는 것이다. 실제로 레이먼드 최고경영자 시절 MSD는 8종류 신약을 개발했고, 그 중 에이즈 치료제 인 '크릭시안'은 MSD 캐쉬카우(Cash Cow) 중 또다른 하나다.

레이먼드 길마틴 최고경영자 이후 MSD는 신약개발 연구에 막대한 자금을 투자하고 있다. 현 케네스 프레이저 회장은 2018년 기준 73억 달러을 개발 비용으로 쓰고 있다고 밝혔다. MSD의 이 같은 행보를 두고 '위험을 감수하는 능력'이 탁월하다고 평가한다. 하지만 이는 단순한 명제가 아니다. 이를 실제적으로 구현하기 위해서는 가치사슬상 본원적 활동과 지원활동이 'FIT'해야 하고, 이 'FIT'을 무엇으로 지렛대 삼느냐가 리더십 핵심일 뿐만 아니라 전략적 사고이다. 이런 점에서 앞서 레이먼드 최고경영자가 밝힌 두 번째 '기부를 중단한다면 인류에 도움을 주는 약을 개발하는 각오는 물거품이 되고 만다'라는 문제의식은 MSD 가치사슬 두 활동의 'FIT'을 이룬 토대인 것은 분명하다.

MSD 전략경영 사례 중 가장 주목을 끄는 부분은 '맥티잔 기부 프로그램'을 수 년간 이어오는 MSD 저력은 도대체 무엇일까?'라는 점이다. 이는 레이먼드 최고경영자가 밝힌 '기부는 장기 투자'라는 입장만으로 엄청난 비용을 감당한다는 것은 전략적으로 석연지 않다. 이를 이해하는 방법은 BCG 매트릭스로 사업 포트폴리오를 그려 보면 쉽게 납득할 수 있다. 이를테면 '이버맥틴'은 MSD 캐시카우(Cash Cow)이다. 이버맥틴이 벌어들인 돈이 맥티잔 기부 프로그램이고, 이는 MSD 사업 역량으로 자리 매김했다. 요컨대 맥티잔 기부 프로그램은 단순한 기부 활동이 아닌 마케팅 활동이라는 점, 기부금 중 10% 내외로 세금 혜택을 받는 점 등을 따졌을 때 MSD 재무건전성을 높이는 요소라는 것이다. 무엇보다도 기부를 승인한 주주 입장에서는 기부로 인한 사회적 평판이 우호적인 면, 새로 개발한 신약 대부분이 적은 마케팅 비용으로 시장에 쉽게 정착하는 걸 보면 기부는 장기투자라는 의식이 조직문화로 자리매김한 것으로 보인다.

그림 6-1 | 맥티잔 기부 프로그램 BCG 매트릭스

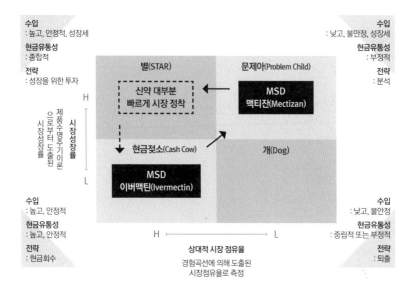

그림 6-2 | MSD 가치사슬

문제해결 연구회가 MSD 사례를 주목한 까닭은 '맥티잔 기부 프로그램'이 '해결(안) 선정' 단계를 익히는 데 안성맞춤이기 때문이다. 이 사례는 두 가지 갈래로 응용할 수 있다. 하나는 BCG 매트릭스 도구를 활용하는 방식과 '과제 해결(안) 제시 방식'이다. 첫째, BCG 매트릭스를 활용하는 방식은 맥티잔을 '스타'로 만드는 방안을 제시하는 것이다. 둘째, 과제 해결(안) 제시 방식은 S-Is-Q-A 절차 없이 맥티잔이라는 신약 개발 정보만 설명한 후 대안탐색 활동 후 해결(안)을 페이오프 매트릭스(Pay-Off Matrix)로 제시하는 것이다. 두 방식을 전개하는 퍼실리테이션은 앞 서 소개한 '의견 내기 - 중복 제거 - 우선순위 선정' 절차를 따르면 된다.

BCG 매트릭스 활용 사례

1. 개요　1970년 서아프리카 일부 지역은 사상충에 감염된 흑파리에게 물리면 실명하는 '강변 실명증'이라는 증상이 창궐했다. 하지만 이를 치료할 약품은 없었다. 현재까지 대략 2,500백만 명이 감염자로 살고 있다. 1980년 대 초 MSD는 반려동물과 가축 체내 기생충을 박멸하는 신약 개발에 성공했고, 이를 착안해 '맥티잔'이란 약을 만들었다.

2. 이슈

a. 맥티잔이 3년 이내로 손익분기점을 달성하지 못하면 재무건전성이 악화될 수 있는 점은 한 번 생각해 볼 만한 이슈이다.

b. 맥티잔이 빠른 DOG로 전락할 수도 있는 점은 한 번 생각해 볼 만한
이슈이다.

3. 맥티잔을 스타로 만들기 위한 방안은?

그림 6-3 맥티잔을 스타로 만드는 방안

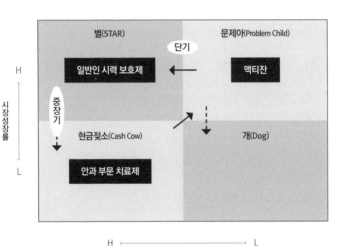

출처: ○○기업 워크숍

과제 해결(안) 제시 방식

1. 개요　1970년 서아프리카 일부 지역은 사상충에 감염된 흑파리
에게 물리면 실명하는 '강변 실명증'이라는 증상이 창궐했다. 하지만 이
를 치료할 약품은 없었다. 현재까지 대략 2,500백만 명이 감염자로 살
고 있다. 1980년 대 초 MSD는 반려동물과 가축 체내 기생충을 박멸하
는 신약 개발에 성공했고, 이를 착안해 '맥티잔'이란 약을 만들었다. 하

지만 해당 지역 사람들은 맥티잔을 구매할 여력이 없었다. 정부도 적극 나서지 않았다. 고민에 빠진 MSD는 맥티잔을 어떻게 처리할 것인지 고민에 빠졌다.

2. 이슈

a. 맥티잔을 필요로 하는 지역 사람들이 이 약을 구매할 수 있는 여력이 없는 것은 한번 생각해 볼 만한 이슈이다.

b. 맥티잔이 필요한 국가 정부 역시 적극 나서지 않고 있는 점은 한 번 생각해 볼 만한 이슈이다.

3. 페이오프 매트릭스를 써 맥티잔 해결(안)을 제시하십시오

그림 6-4   페이오프 매트릭스 맥티잔

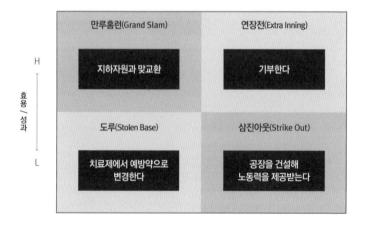

출처: ○○홀딩스 워크숍

해결(안) 선정, 매트릭스 기법 익히기 ————————

해결(안) 선정은 문제 해결 절차 중 네 번째 단계에 속한다. 이 단계에서 중요한 활동은 '아이디어를 평가'하는 것과 '의사결정' 하는 것이다. 이 두 가지를 동시에 만족하는 도구로 널리 알려져 있는 것이 '페이오프 매트릭스(Pay-Off Matrix)'이다. 페이오프 매트릭스는 직관에 따른 의사결정을 보완한다. 또한 '이 만하면 됐다'라는 '적당주의' 경향을 합리적인 기준점을 내세워 타파할 수 있는 장점이 있다. 반면에 단점은 '과연 기준점은 이치에 맞는가?'라는 질문을 매번 받는 것이다. 그럼에도 불구하고 페이오프 매트릭스는 의사결정 속도가 빠르고 효과성 역시 높다는 것이 중론이다. 그렇다면, 페이오프 매트릭스는 누가 만든 것일까? 어떤 문제를 해결한 것일까?

GE 경영 개선 활동은 '워크아웃(Work Out)'이고, '식스시그마(6SIGMA)'는 워크아웃 방법론이다. 페이오프 매트릭스는 여기서 '개선 사항 우선순위를 선정하는 방법'으로 쓴 것이 '의사결정 도구'로 인식, '의사결정 도구', '해결(안) 선정 방법'으로 지금까지 널리 쓰고 있다.

페이오프 매트릭스 형태는 단순하다. 정사각형 모양으로 내부에 열 십자(+)를 그어 면을 네 개로 분할한 형태다. 이를 '투 바이 투 매트릭스(2x2 Matrix)'라고 부른다. 2x2 매트릭스를 만드는 방법은,

① 정사각형 밑변을 X축, 높이를 Y축으로, 각 축 중앙에 기준점을 찍는

다. 이 기준점에서 X축은 위쪽으로 수직선을, Y축은 오른쪽으로 수평선을 그어 열 십자를 만든다.

② X축 중앙점은 '노력·자원(Effort)으로, Y축 중앙점은 '효용(Pay-Off)'으로 하는 '의사결정' 기준점을 정한다. 요컨대 '노력·자원 대비 효용'이라는 의사결정 기준을 만든 것이다. 이때 기준점은 상호 배타적인 것이 좋다. 상충하는 조건을 모두 아우른 결정이라면 신뢰할 수 있기 때문이다.

③ '노력·자원 대비 효용'이라는 기준 정도(또는 강도)을 결정하는 것이 세 번째 할 일이다. X축 '노력·자원'의 좌는 '낮음(Low)'으로 우는 '높음(High)'로, Y 축은 기준점 위쪽은 '높음(High)', 아래쪽은 '낮음(Low)'로 정한다.

④ 여기까지 순조롭게 따라 왔다면, 사각형은 네 면이 있는 2X2 매트릭스가 완성되었을 것이다. 하지만 더 중요한 일이 남았다. 바로 '메타포(Metapho)'를 짓는 일이다.

메타포는 '은유·상징'을 뜻하는 말이다. 이를테면 2X2 매트릭스가 의사결정 도구로 그 역할을 다 하기 위해서는 각 사 분면은 특별한 의미를 갖고 있어야 한다. 그 특별한 의미를 은유 상징으로 쓰면 기억하기 쉬운 것은 물론 의사결정을 신속하게 할 수 있다는 것이다. 이런 합리적인 이유도 있겠지만 메타포를 쓰면 정서적인 안정감을 높여 의사결정을 보다 신중하게 할 수 있다는 의식도 깔려 있다.

해결에 집중하라

페이오프 매트릭스 메타포는 '야구' 용어에서 따왔다. '만루홈런 (Grand Slam)', '연장전(Extra Inning)', '도루(Stolen Base)', '삼진 아웃 (Strike Out)'이 그 내용이다. 네 개 메타포 의미는 다음과 같다.

◆ 만루홈런(GS), 적은 노력·자원 대비 효용이 큰 경우: 빠른 실행(Quick win) 을 통해 최대한 효과를 얻는 것이 필요.

◆ 연장전(EI), 큰 노력·자원 대비 효용이 작은 경우: 효용은 크지만 그에 따른 자원 소모도 커서 실행을 위해서는 치밀한 검토가 필요. 중장기 전략 과제인 경우.

◆ 도루(SB), 적은 노력·자원 대비 효용이 작은 경우: 기대 비용 보다 높은 효 용만 있다면 시행하는 것이 유리.

◆ 스트라이크 아웃(SO), 큰 노력·자원 대비 효용이 작은 경우: 즉각 폐기보다 보류하여 자원 양을 줄이거나 효용 크기를 키울 수 있는 아이디어가 필요.

페이오프 매트릭스를 익히는 사례로 '송전선 위 눈을 치우는 방법' 만 한 것이 없다. 사례 개요는 다음과 같다.

북반구 어느 마을은 눈이 자주 내린다. 한번 내리면 어른 키를 훌쩍 넘을 때가 태반이다. 그때마다 마을에 전기를 공급하는 송전선이 끊어 져 정전이 잦았다. 정전 이유는 금새 밝혀졌다. 송전선 위에 쌓인 눈을 제 때 치우지 않아 눈이 얼음이 된 것이 문제다. 그 결과 얼음 무게를 견

디지 못한 송전선이 끊어진 것이다. 잦은 정전은 마을 내 여러 활동을 마비 시켰다. 난방은 그런대로 견뎠지만 경제 활동은 마을 내 경제 활동이 막혀 생계 곤란을 겪는 이가 많았다. 그 결과 마을을 떠나는 사람이 늘어났다. 이러다가 마을이 사라질 수도 있다는 불안감을 느낀 주민들은 어떻게 해서든 송전선에 쌓이는 눈을 치우는 방법을 찾아야 하는 절박함으로 한곳에 모였다.

이 사례 문제는 눈을 제 때 치우지 않은 것이고, 문제를 야기한 원인은 송전선 위 눈을 치울 마땅한 도구가 없다는 점이다. 이 과제 즉, 송전선 위 눈이 얼기 전에 눈을 치우는 방법을 찾는 것이 해결(안)이다.

브레인스토밍으로 대안 탐색한 결과, 7개 아이디어를 얻었다. 그 다음 할 일은 7개 아이디어가 '눈을 치우는 마땅한 방법'인지 여부를 평가하는 일이다. 페이오프 매트릭스는 이때 요긴하게 쓰는 도구이다.

〈그림 6-5〉는 7개 아이디어를 페이오프 매트릭스를 활용한 결과물이다. 7개 아이디어를 '비용'과 '효용' 관점으로 각 메타포에 번호를 쓰는 것으로 마무리한 것이다. 하지만 여기서 한 가지 주의할 점이 있다. 이를테면 '만루홈런(즉시 처리, Quick Win)' 메타포에 '2번'과 '3번' 아이디어가 동시에 위치하고 있다. 이 경우 두 아이디어를 동시에 실행하는 것은 어려운 일이다. 예산이 제한적이기 때문이다. 이 때문에 한 메타포에 2개 이상 아이디어를 위치하는 경우에는 반드시 우선순위를 정해야 한다. 우선순위를 정하는 규칙을 미리 정하지 않은 경우에는 먼저 쓴 아이디어 즉, '2번 아이디어'가 '3번 아이디어' 보다 우선순위가 높은 것으로 친다.

해결에 집중하라

그림 6-5 　페이오프 매트릭스 '송전선 위 눈치우기'

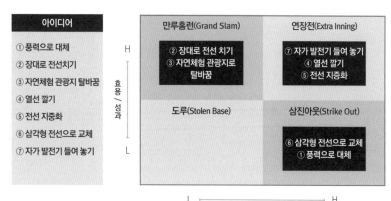

아이디어

① 풍력으로 대체
② 장대로 전선치기
③ 자연체험 관광지 탈바꿈
④ 열선 깔기
⑤ 전선 지중화
⑥ 삼각형 전선으로 교체
⑦ 자가 발전기 들여 놓기

H

효용 / 성과

L

만루홈런(Grand Slam)

② 장대로 전선 치기
③ 자연체험 관광지로 탈바꿈

연장전(Extra Inning)

⑦ 자가 발전기 들여 놓기
④ 열선 깔기
⑤ 전선 지중화

도루(Stolen Base)

삼진아웃(Strike Out)

⑥ 삼각형 전선으로 교체
① 풍력으로 대체

L ├─────────────┤ H
비용 / 노력

출처: ○○그룹 워크숍

그림 6-6 　GE 페이오프 매트릭스

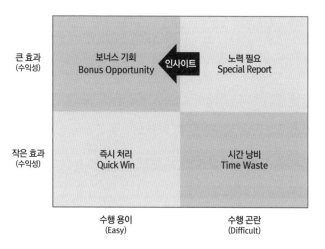

큰 효과
(수익성)

보너스 기회
Bonus Opportunity

인사이트

노력 필요
Special Report

작은 효과
(수익성)

즉시 처리
Quick Win

시간 낭비
Time Waste

수행 용이
(Easy)

수행 곤란
(Difficult)

이 매트릭스 기준점은 '페이오프(pay-off)'와 '개선 활동 수행 강도 (Implementation)'이고, 메타포는 '즉시 처리(Quick-Win, QW)', '시간 낭비(Time-Waste, TW)', '사업기회(Business Opportunity: BO)', '특별한 노력(Special Effort, SE)'으로 매우 직관적이다.

GE 페이오프 매트릭스는 특별한 점 두 가지가 있다. 첫째, '특별한 노력' 사 분면에서 '사업 기회' 사 분면으로 향하는 화살표가 있고, 여기에 '인사이트'라고 쓰여 있다. 여기서 '인사이트'라는 뜻은 개선 활동 수행은 어렵지만 그 일을 개선하면 뜻밖의 성과를 얻을 수 있다는 뜻이다. 실제로 GE는 '즉시 처리' 부분 보다 이 '특별한 노력' 사 분면 일을 핵심 활동으로 삼았고, '특별한 노력' 사 분면에 놓일 개선(안)을 찾는 방법으로 GE 페이오프 매트릭스를 고안해 썼다. 식스시그마(Six Sigma)는 바로 이 활동이다.

둘째, 앞 서 소개한 페이오프 매트릭스 기준점은 '비용-효용'이었다. 하지만 GE 페이오프 매트릭스는 '페이오프-수행 강도 (Implementation)'인 점이다. 이 두 매트릭스 차이점은 무엇일까? 결론부터 얘기하면 GE 페이오프 매트릭스는 '개선(안)'을 선정하는 데 적합하고, 페이오프 매트릭스는 '해결(안)'을 선정하는 데 쓸모 있다고 말할 수 있다.

내용으로 들어가면, GE 페이오프 매트릭스는 '페이오프' 기준점에

'큰(Big)'과 '작은(small)'을 붙여 썼다. '효용(benefit)' 이란 기준 대신 말이다. 이는 GE 페이오프 매트릭스를 만든 배경을 짐작할 수 있다.

페이오프 매트릭스는 게임 이론에서 용어와 구조를 차용한 듯 보인다. 게임이론은 내 선택에 따라 상대는 어떤 선택을 할 것인지를 게임으로 설정한다. 이를 2x2 매트릭스로 만든 후에 사 분면 활동 결과를 숫자로 표시한다. 이 때 내게 가장 유리한 선택으로 얻은 결과물을 '보수 또는 선호(Pay-Off)'라고 한다. 요컨대 '페이오프'는 50:50을 합리적 선택으로 보지 않고, 51:49를 가장 최적의 선택 즉, 균형이라고 말하는 것이다. 내가 얻는 것이 있으면 잃는 것도 있는데, 그 잃은 것은 손해가 아니라 오히려 내게 이득을 가져 온다는 논리다. 이것이 게임 이론 기초다. 하지만 GE 페이오프 매트릭스가 가져다 쓴 'Small Pay-Off'를 '작은 선호'라고 풀이하진 않는다. 그렇다면 이것은 어떻게 된 일일까?

'페이오프'라는 뜻에는 '선호'라는 개념이 있다고 지금껏 설명하고, 이 뜻을 GE 페이오프 매트릭스가 차용했을 것이라고 했는데, 막상 페이오프 매트릭스에 적용해 보니 그 의미가 제대로 살아나지 않는다. 이를 이해하는 데에는 두 가지 의견이 있다.

첫째, 행동경제학 입장이다. '인간은 어떤 상황에서든 그 상황에 적합한 의사결정을 한다'라고 말한다. 인간은 불완전하기 때문에 모든 것을 망라한 후 의사결정을 하는 '합리적 의사결정'은 어렵다는 것이다. 그 결과 자신이 맞이한 상황을 가장 잘 타개할 수 있다고 믿고 만족하는 것을 선택한다는 것이다. 이를 '제한된 합리성(Bounded Rationality: 인간은 완벽한 합리성보다 자신의 주관적 판단하에 최선의 것을 선택한다)이라고 부른다. 이 이론을 만든 사람이 바로 '대니얼 카네만(Daniel Kahneman · 1943~)' 교수다.

게임 이론에서 쓰는 '페이오프' 의미는 '선호'라는 개념을 의사결정 모형으로 쓰면서 '선호'라는 낱말을 '만족'으로 등치 시킨 결과라고 할 수 있다. 페이오프 매트릭스는 '제한된 합리성'을 토대로 의사결정하는 '만족 모형' 상징으로 볼 수 있기 때문이다. 이 경우 '작은 만족', '큰 만족'으로 써도 풀이가 어색하지 않은 까닭이다. 여기에서 변주가 가능한 페이오프 매트릭스 속성 상 얼마든지 '만족'은 '성과'로 쓸 수 있고, '만족'보다는 '성과'라는 말을 유통하면서 정착한 것이다.

둘째, '페이오프(Pay-Off)'는 '관용어'라는 입장이다. '청산하다'라는 뜻도 있지만, '성과를 내다'라는 의미로도 쓴다는 점이다. 앞 서 'Big Pay-Off'를 '큰 성과'라고 풀이하는 것은 이를 따르는 입장이다. 이 두 가지 의견 모두는 GE 페이오프 매트릭스와 앞 서 소개한 '비용-효용' 페이오프 매트릭스 모두를 '해결(안) 선정 도구' 또는 '개선(안) 선정 의사결정 도구'로 쓰는 것이 틀리지 않다는 점을 방증하고 있는 셈이다.

해결(안) 선정의 기술 ② GE 페이오프 매트릭스 실전 활용

한 제조 유통 사 월 말 회의에서 '주력상품 매출이 전년 동기 대비 20%

떨어졌다'라든 사업 보고가 있었다. 회의에 참석한 모든 이가 고개를 숙이고 최고경영자와 눈을 마주치지 않으려 애쓴다. 하지만 언제까지 이러고 있을 수 없다. 매출 하락에 따른 긴급처방이든 대응방안이든 뭔가 내놔야 하는 상황이다.

이런 경우 회의는 대부분 단기간 매출을 끌어 올리는 마케팅 4P 전략을 손본다. 이를테면, 한 시적 가격인하, 대리점 유통 마진을 높이는 출고가 조정, 1+1 제품 프로모션, 경쟁사를 견제하는 광고 노출량을 높인다. 이같은 아이디어 대부분은 총 매출을 높이는 데 분명 영향을 끼친다. 하지만 수익성은 좀 더 따져 봐야 한다. 총 매출과 수익성을 동시에 개선할 수는 없을까? 이 물음에 문제해결 활동이 답을 낼 수 있다.

문제해결 활동은 문제 인식으로 부터 시작하는 점을 익히 잘 알고 있다. 문제인식은 발생한 사건에서 해결해야 할 문제를 드러내는 것으로, S-Is-Q-A 전개 중 두 번째 '이슈 제기'가 문제 인식에 해당한다. 실제 이 사례에서 뽑은 이슈는 총 여섯 개였다.

① 소비자의 불매운동 결과 매출이 하락한 점은 한 번 생각해 볼 만한 이슈이다.
② 경쟁자의 미투제품 출시 결과 매출이 하락 한 점은 한 번 생각해 볼 만한 이슈이다.
③ 유해 성분 논란 결과 매출이 하락 한 점은 한 번 생각해 볼 만한 이슈이다.

④ 세계적인 대기근 결과 매출이 하락 한 점은 한 번 생각해 볼 만한 이
슈이다.

⑤ 효능이 유사한 경쟁사 신제품 출시 결과 매출이 하락 한 점은 한 번
생각해 볼 만한 이슈이다.

⑥ 매월 진행한 프로모션을 중단한 결과 매출이 하락 한 점은 한 번 생
각해 볼 만한 이슈이다.

6개 이슈는 곧 문제정의문으로 쓰인다. 그 전에 문제정의 질문을 만
들어야 한다. 일처리를 효율적으로 하기 위해서 '우선순위(priority)'를
정한다. 우선순위를 정하는 까닭은 일을 완료하는 데까지 드는 시간을
줄일 수 있고, 자원을 효율적으로 쓸 수 있기 때문이다. 게다가 문제 성

그림 6-7 | GE 페이오프 매트릭스 활용 예시

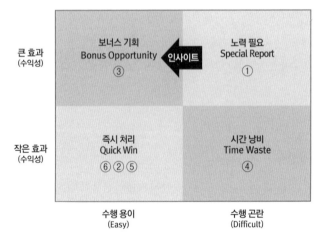

격까지 파악할 수 있다. 지금 당장(Quick Win) 해야 할 일과 '특별한 노력(Special Effort)'이 필요한 일을 분별할 수 있기 때문이다. 다시 말해 단기 처방과 장기 개선 사항을 파악할 수 있다. 이 일은 GE 페이오프 매트릭스가 적격이다.

GE 페이오프 매트릭스 처리 결과, ⑥·②·⑤번 이슈는 '즉시 처리(Quick Win)' 하는 것으로, ③번은 '사업 기회(Bonus Opportunity)'를 노려볼 만한 안건으로 삼을 수 있다. ①번 안건은 개선점을 찾고, 대응 여부에 따라 '사업 기회'를 얻을 수 있는 항목이다. ④번은 삭제한다.

요컨대 ⑥·②·⑤번 이슈는 곧바로 긴급처방을 할 필요가 있다. 이 처방이 제대로 먹히면 단기간 매출은 높아진다. 반면에 ①번 안건은 개선 사항이다. 문제 해결 절차를 밟아 해결(안)을 선정한다. 장기간 공을 들여야 하는 일이고, 결과는 분명 수익성을 개선한다. 혁신 과제는 이와 같은 방식으로 그 결과물을 얻는다.

해결(안) 선정의 기술 ③ 매트릭스 기법 응용

두 페이오프 매트릭스를 다른 말로 소개하면 '우선순위 선정 매트릭스'라고도 부른다. 우선순위는 두 개 아이디어 중 반드시 먼저 실행해야 할 것을 결정하는 일이다. 두 아이디어 모두 우열을 가리기 힘들다 해도 둘 중 하나는 '1순위'여야 한다는 말이다. 이런 점에서 두 아이디어는 '페이오프' 관계다. 또한 둘 중 하나를 선택할 때, 좀 더 끌리는 것을 선택한다는 면에서 '제한된 합리성'을 따른다. 이러한 이유 때문에 '페이오프 매트릭스'를 두고 '정말 합리적인 선택인가?'라는 질문을 끊임 없이 한다. 하지만 해결(안) 선정 단계에서 '페이오프 매트릭스'를 썼을 때, 다른 어떤 의사결정 기법 보다 빠르고 효과도 좋은 탓에 페이오프 매트릭스를 대체할 만한 마땅한 도구는 아직 없다. 이처럼 페이오프 매트릭스가 의사결정 도구로 빛을 내는 까닭은 '매트릭스'라는 개념 때문이다.

'2X2 매트릭스'를 쓴 '알렉스 로위'는 '복잡한 문제 또는 여러 개 아이디어를 정리할 때 무엇을 어떻게 시작해야 하는 지 난감할 때가 있다. 이는 정리해야 할 아이디어 양이 많은 탓도 있지만, 무엇보다도 내용이 서로 겹치거나 비슷비슷하기 때문에 손을 못 대는 것이다. 이럴 때 2X2 매트릭스를 만들어 쓰면 아이디어 양이 많고, 엇비슷한 내용이 있어도 간결하게 요약하고 정리할 수 있다. 나는 매트릭스를 '복잡한 것을 단순화하는 힘'이라고 부른다'라고 말한 바 있다. 이 말은 곧 문제해결 활동 매 순간 쏟아내는 많은 아이디어와 그 어떤 복잡한 의견이라도 간결하게 정리할 수 있다는 것이다. 알렉스 로위 주장은 정확했다.

해결(안) 선정 단계에서 '아이디어 실행 전 위험 예상 매트릭스'를 만들어 쓴 적이 있다. 프로젝트 위험관리 매트릭스를 아이디어 평가 도구로 빌려 온 것이다. '위험 예상 매트릭스'를 해결(안) 선정 단계에서 쓴 까닭은 아이디어 실행력을 높이기 위해서다. 프로젝트 수행 중 반드시 알아야 하고, 관리해야 할 핵심 사항을 관리하는 일이 '위험 관리(Risk

Management)'라는 점에서 착안한 것이다. 이를테면 아이디어 실행력을 높이기 위해서 돌다리도 두드려 건너겠다는 셈이다.

그림 6-8　아이디어 실행 위험 예측 매트릭스

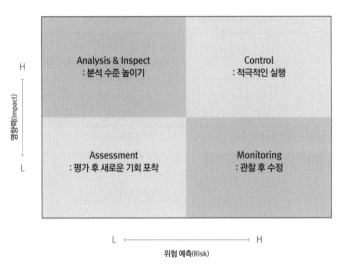

이 매트릭스 기준점은 '위험 예측(Risk)'과 '영향력(Impact)'이다. 어떤 아이디어를 실행했을 때 예측 가능한 위험 정도와 그 파급 효과를 묻고 있다. 여기서 한가지 짚을 점이 있다. 그것은 '예측'이라는 낱말이다. '미루어 짐작하다'라는 뜻으로 '예상'이라는 말도 있다. 하지만 '예측'이라고 쓴 까닭은 예측은 '시간 또는 물건 양을 헤아려 재다'라는 뜻이다. 요컨대 예측은 숫자로 표현하고, 확률로 읽는다.

그림6-8-1 | 위험 예측 통계치

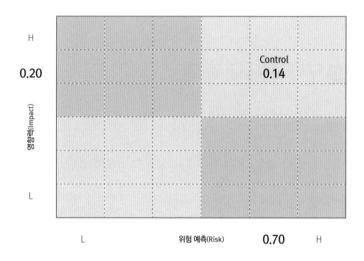

위험 예측 매트릭스 해석

총 6개 위험 요소 중 중앙 우측 두 번째 위험 요소 실제 발생 가능성은 14%다. 이는 위험 예측 0.70과 영향력 0.20를 곱한 결과값이다. 이 위험 요소는 '통제 Control' 하는 것이 마땅하다. 하지만 '통제'는 막는 것을 뜻하지 않는다. '위험 요소 제거를 위한 노력을 적극 실행하라'라는 뜻을 '통제'라는 말로 은유한 것이다.

반면에 예상은 미리 생각하는 것일 뿐 숫자로 나타내지 않는다. '아이디어 실행 전 위험 예측 매트릭스'라고 칭한 이유가 여기에 있다. 실은 아이디어 실행력을 높이는 차원에서 예측 확률을 구하는 것이 예상보다는 훨씬 나은 일처리이다. 하지만 문제해결 워크숍 수준에 해결(안)

절차를 익히는 수준에서는 '아이디어 위험 예상 매트릭스'로 불러 쓸 수도 있다.

○○기업은 국내 유통 물류 서비스를 제공한다. 이 기업 팀장 리더십 워크숍에서 '위험 예상 매트릭스'를 쓴 사례 얘기다.

이 ○○기업은 최근 새로운 최고경영자(CEO)를 맞이했다. 이번에 부임한 최고경영자는 ○○기업에서 잔뼈가 굵은 인물이고, 입사 신화를 만든 사람이다. 엄밀하게 말하면 승진이다. 직원들은 최고경영자에 대한 기대감이 높았다. 최고경영자 역시 20여 년 자기 몸처럼 살피던 회사인지라 누구보다 ○○기업을 잘 꾸릴 수 있다는 자신감이 차고 넘쳤다. 취임식에서 최고경영자는 '리더십'을 유난히 강조했다. 불확실성을 뚫는 유일한 방법은 '협업하는 문화', '혁신하는 문화', '존중하는 문화'라는 점을 강조했고, 이 세 가지 당부사항을 실행하는 힘이 '리더십'이라고 했다. 이번 워크숍을 열게 한 배경인 셈이다.

현재 수준 진단에서 워크숍에 참석한 리더들은 '팀장과 팀원 간 신뢰가 부족한 것이 문제'라는 점에 공감했다. 문제해결 절차에 따라 2단계 5WHY 분석 결과 '업무 평가 지표가 없기 때문이다'라는 핵심원인을 도출했다. 핵심 원인은 곧 핵심 과제이고, 이 과제를 해결하기 위한 아이디어는 총 9개, 이 중에서 혁신(안)을 선정하는 것이 워크숍 목적인 탓에 'GE 페이오프 매트릭스'를 쓴 결과가 〈그림 6-9〉이다. 〈그림 6-10〉는 '위험 예측 매트릭스'를 적용한 결과이다.

| 그림 6-9 | 업무 평가 지표 만들기 과제 아이디어 중 '혁신 아이디어 선정' |

출처: ○○기업 팀장 리더십 워크숍

업무 평가 지표를 만들어야 하는 과제 해결 아이디어 우선 순위는 '2번, 역량 수준 결정', '4번, 역량 테스트', '7번, 1:1 상담' 순이다. 이 세 의견은 '특별한 노력'이 필요하다고 공감했다. 이 해결(안)은 다시 '아이디어 실행 예측 매트릭스'로 분석하면 〈그림 6-10〉와 같다.

셋 중 '4번, 역량테스트'는 '적극 실행'으로 위험을 돌파하고, '2번, 역량 수준 결정'은 분석 수준을 한 차원 높여야 하는 아이디어로, '7번, 1:1 상담은 관찰 후 수정하는 방향으로 해결(안)을 선정할 수 있다.

액션플랜(action plan)을 짤 때, 4번 해결(안)은 실행력을 높이는 것을 목표로 자원을 초기에 과감하게 쓸 필요가 있다. 2번(안)은 분석 수준을 높이기 위해서는 전문가와 협업이 필요하다. 7번(안)은 1:1 상담 활동이

해결에 집중하라

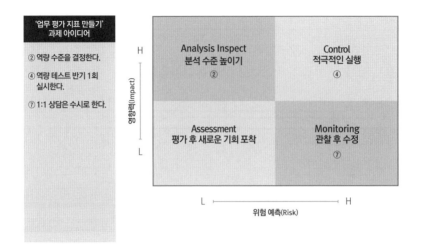

그림 6-10 아이디어 실행 위험 예측 매트릭스

'업무 평가 지표 만들기'
과제 아이디어

② 역량 수준을 결정한다.

④ 역량 테스트 반기 1회
  실시한다.

⑦ 1:1 상담은 수시로 한다.

영향력(Impact)

H

L

Analysis Inspect
분석 수준 높이기
②

Control
적극적인 실행
④

Assessment
평가 후 새로운 기회 포착

Monitoring
관찰 후 수정
⑦

L ———————— H
위험 예측(Risk)

과연 실제적인 효과를 내는 지 일정 기간 동안 관찰하는 일 중심으로 문제해결 보고서를 꾸며야 한다.

아이디어 위험 예측 매트릭스를 쓰면 해결(안) 다음 단계인 '액션플랜' 작성을 손쉽게 할 수 있다. 여기에 액션플랜 수준을 한 차원 높이고자 한다면, 각 아이디어 회귀분석 수치를 토대로 실행 방안을 액션플랜에 담으면 한결 견고한 보고서를 쓸 수 있다. 혁신 과제는 적어도 회귀분석 수준까지 고려하는 것이 이롭다. 하지만 단기 성과를 내야 하는 '즉시 처리(Quick Win)' 아이디어는 예상 수준에서 실행하는 속도가 더 중요하다.

집단사고를 예방하는 Be The Devil's Advocate. ────◀

악마의 대변자(Devil's Advocate)는 집단사고를 방지하는 집단의사결정 방법이다. '응집력이 강하고 강력한 권한을 행사하는 리더가 있는 집단은 외부 견해 차단이 쉽고, 만장일치를 이루려는 경향이 높다'는 것이 집단사고(Group Think)이다. 1972년 미국 사회 심리학자 어닝 재니스가 1961년 1차 쿠바 침공 실패 사건과 2차 핵 미사일 공격 철회 사건을 토대로 연구한 결과 주장한 개념이다. 이 연구에서 어빙 재니스는 소위 엘리트가 모인 국가안보위원회가 이견 없는 만장일치로 무모한 의사결정을 한 배경에는 반대 의견을 내는 것은 곧 역적이라는 분위기를 만들고, 이 집단에서 쫓겨나면 안되는데 라는 불안이 증가하고 스트레스가 발생한 탓에 집단 의견을 따를 수 밖에 없다고 했다.

본래 '악마의 대변인'은 로마 카톨릭 교회에서 성자로 추대한 이를 검증하는 직책에서 유래한 것을 집단사고를 예방하는 방책으로 쓰면서 오늘날 '의도를 갖고 반대하는 자'에 이르렀다. 속 뜻을 파헤치지 않으면 마치 '악마를 대변하는 이'처럼 읽힐지도 모른다.

악마의 대변인은 문제해결 절차 전 단계에 공통으로 걸쳐 있는 아이디어를 모으고 우선순위를 결정할 때 쓸 수 있다. 하지만 해결(안) 선정 단계에서 악마의 대변인을 특별하게 쓰는 까닭은 해결(안)은 문제해결 절차상 최종목표 지점이고, 집단사고가 일어날 확률이 가장 높기 때문이다. 숱한 전략경영사 중 실패 사례 대부분은 의사결정을 잘못한 결과라는 점을 교훈으로 삼고 있고, '악마의 대변인만 있었어도~'라는 탄식을 하고 있다.

실제 문제해결 워크숍에서 '악마의 대변인'을 소개하는 사례로 1990년 초 소니(SONY)의 의사결정 미숙으로 인한 실패 사례를 꼽는다. '워크맨(WOKERMAN)'이 옥스포드 사전에 기재될 만큼 전 세계에서 맹위를 떨치고 있는 소니는 차세대 성장 동력으로 삼을 두 개 아이템 중 하나를 결정하는 회의를 하고 있었다. 하나는 MP3였고, 다른 하나는 게임기 였다. 당시 회의 분위기는 당연히 MP3 시장으로 진입하는 것이 자연스러운 전략 방향이었다. 하지만 최종 선택은 게임기 플레이스테이션이었다. 플레이스테이션은 기술 기업 소니를 혁신 기업 반열에 올릴 것이라고 기대했다. 하지만 플레이스테이션 고전했다. 그 사이 MP3 시장을 석권한 애플이 혁신 기업에 오르면서 소니는 몰락했다. 2001년 아이튠즈를 내 놓은 스티브 잡스는 '소니가 MP3를 선택했다면, 아이팟은 없었을 것이다'라는 말을 한 것을 보면 소니의 의사결정은 두고두고 얘깃거리다. 이 사례를 두고 '소니의 선택이 애플을 낳았다'라는 말까지 돌았다. 수익성은 떨어지고 기술 혁신 역량도 예전만하지 못한 소니는 결국 2014년 국제신용평가사 무디스로 부터 '투자부적격' 판단을 받았다.

플레이스테이션을 선택한 소니 결정이 잘못한 일이라곤 할 수 없다. 다만 MP3 시장을 먼저 공략한 후라면 어땠을까라는 점이다. 가정용 게임기 시장 성장 가능성은 분명했다. MP3 시장도 마찬가지다. 하지만 둘 중 하나를 의사결정해야 하는 전략 회의에서 악마의 대변인이 있었다

그림 6-11 소니와 애플, BCG 매트릭스

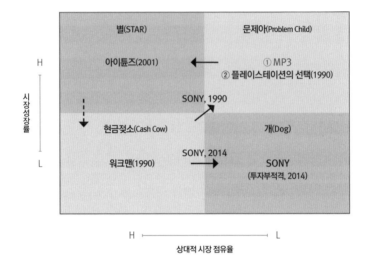

면, 적어도 MP3 시장은 소니에게 수익성은 물론 혁신 기업 이미지까지 한 발 더 나아가서는 오늘날 애플 자리를 소니가 차지하는 일석삼조 효과를 거뒀을 것이다. '워크맨 신화'에 대한 과도한 확신이 부른 갈등 없는 만장일치가 낳은 참사였다.

그렇다면, 악마의 대변인은 어떻게 쓰는 것일까. 로마 카톨릭에서 쓴 바 대로 '무조건 흠'을 잡는 것일까. 뚜렷한 근거를 토대로 합리적인 반론을 펼치는 것일까. 실제 해결(안) 선정 단계에서 썼더니 전혀 예상치 않은 사건이 있었다. 악마의 대변인 역할자가 반론을 펼치는 것을 부담스러워 한다는 사실이다. 반면에 반론을 꽤나 해 본 경험자가 역할을 맡았을 때, '저 이는 원래 반대를 위한 반대를 하는 사람'으로 인식된 탓에 악마의 대변인 의견을 신중하게 고려하지 않는 것이었다. 이 점은 악마의 대변인 쓰임이 정착하지 못한 이유를 설명해 주고 있다. 요컨대 한 집단 내에서 반론자는 큰 환영을 받지 못한다. 또한 반론으로 인해 자신에게 부정적 이미지가 씌워지고 평판이 나쁜 쪽으로 흐를 수 있다고 판단하기 때문이다. 가상 상황이지만 이 점이 워크숍에서 나타난다는 것은 실제 업무 현장에서는 그 누구도 나서지 않는다는 것을 방증하는 셈이다. 이대로 악마의 대변인이 전설로 묻히는 것일까. 1999년 포춘 지가 뽑은 '20세기 최고 경영자' 잭 웰치는 GE 재건을 위해 경계 없는 조직이 답이라고 말했다. 식스 시그마를 방법론으로 삼았고, 다운타운 미팅을 도입해 지시와 명령을 토론과 반론으로 바꿨다. 이 부분을 외부 전문가에게 맡겼고, 잭 웰치는 그 외부 전문가를 퍼실리테이터라고 불렀다.

퍼실리테이터에게 부여한 일은 분명했다. 비판을 상호 수용할 수 있는 조직 문화를 만드는 것이었고, 상사 뜻대로 의사결정하는 것을 예방하는 것이었고, 이 두 개 원이 맞물려 선순환 시스템으로 조직에 장착이 되면 구성원은 저마다의 방식으로 책임감을 갖고 두려움 없는 혁신을 이룰 것으로 잭 웰치는 판단한 것이다. 잭 웰치의 판단은 옳았다. 그는 최고경영자로서 제 때 적확한 의사결정을 했다. 그 결과 GE는 에디슨 이후 최고 기업으로 거듭날 수 있었다. 잭 웰치는 이런 자신의 성공을 두고 꼭 하는 말이 있다. 내 곁에는 늘 래지널드 H. 존스(2004년 타계)가 있었다. 나는 그가 반대하는 일이 있으면 포기하거나 그를 납득시키려고 노력했다. 그 과정이 GE를 재건할 수 있는 결정적 성공 요소였다.

래지널드 H. 존스는 잭 웰치를 발탁한 GE 전 CEO였다. 잭 웰치에겐 악마의 대변인이었던 셈이다.

이 사례가 악마의 대변인을 누가 하고, 어떻게 쓰느냐라는 질문에 가장 적절한 선행 사례라고 하면, 현실적인 방안은 '래지널드 H. 존스'와 '잭 웰치' 간 관계에 주목할 필요가 있다. 래지널드 H. 존스 전 CEO가 당시 44세의 잭 웰치를 제 8대 GE 최고경영자로 발탁한 배경은 경영환경 인식에 대한 궤가 비슷했기 때문이다. 래지널드 CEO 당시 GE는 호황기였다. 하지만 래지널드는 호황에 안주하는 경영자보다 불확실성을 뚫고 나갈 리더십 갖춘 자를 필요로 했다. 래지널드 CEO의 이러한 인식에 적합한 인물이 바로 잭 웰치였던 것이다. 이런 사실을 누구보다 잘 알고 있는 잭 웰치는 래지널드 CEO를 자신의 경영에 적극 활용했고, 그 결과 성공했다. 악마의 대변인은 적어도 7년 이상 한 솥밥을 먹은 사람 중 신망이 두텁고, 최고경영자 감정선을 흔들지 않고 반론을 펼칠 수 있는 친밀한 관계를 맺고 있는 사람이어야 한다. 문제해결 워크숍에서는 임의로 선정하곤 하지만 간혹 동일 직급 내 우애가 좋은 두 사람을 선정해 한 사람은 의사결정자로 다른 한 사람은 악마의 대변인 역할을 맡아 줄 것을 부탁한다. 결과는 나쁘지 않다.

해결에 집중하라

'맥킨지 앤 컴퍼니'(Mckinsey & Company, 이하 맥킨지)는 경영 컨설팅 회사다. 1926년 제임스 맥킨지(James O. Mckinsey)가 창업했고, 1939년 마빈 바우어(Marvin Bower)가 합류하면서 오늘날 맥킨지 체제가 만들어졌다. 맥킨지가 처음부터 전략에 두각을 나타낸 건 아니었다.

1963년 창업한 보스턴 컨설팅 그룹(Boston Consulting Group, 약자 'BCG', 이하 'BCG')이 전략은 먼저였다. 창립자 브루스 핸더슨이 '기업마다 생산 비용 구조는 비슷하다'는 당시 믿음을 '축적된 경험과 비용 개선은 장기적으로 생산비용을 절감시킨다'는 '경험곡선'(Experience Curve)으로 뒤집으면부터 두각을 나타냈다. BCG가 전략 컨설팅 사다리에 먼저 오르기 시작한 것이다. 우리에게 잘 알려져 있는 BCG 매트릭스도 이때 등장했다.

BCG의 성공을 바라보고 있을 맥킨지가 아니었다. 맥킨지도 곧바로 전략 컨설팅 사업을 시작했고, 사업 방향은 '되는 사업 밀어주고, 안되면 매각'이었다. 맥킨지 컨설팅은 적중했다. 혁신적이라는 평가도 받았다. BCG보다 2배 이상 매출도 기록했다. '맥킨지 앤 컴퍼니'가 컨설팅 업계에 각인되는 순간이었다. 맥킨지 날개는 1980년 대들어 더욱더 비상했다. 전략을 학문적 반열로 끌어올린 마이클 포터(Michael Eugene Porter) 교수가 등장하면서 맥킨지 위상은 세계를 호령하기 시작한 것이다. 요컨대 '선택과 집중'을 전략 핵심 개념으로 삼은 포터 교수 주장

그림 6-12   경험곡선

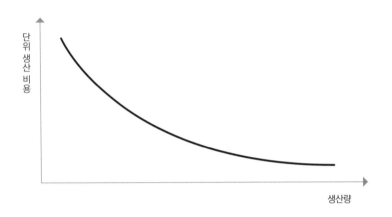

과 맥킨지 사업 전략이 일치했던 것이다.

전략 컨설팅 위상을 한층 드높인 맥킨지, 그 원동력은 무엇일까. 이 질문에 대한 답변은 의외로 간단명료하다. '선발과 교육'이다. 하버드 비즈니스 스쿨(Harvard Business School) 졸업생을 대상으로 매년 맥킨지는 '온 캠퍼스(On-Campus) 리쿠르팅'을 한다. 이 프로그램으로 선발한 이들을 '사업 분석가(Business Analyst)'라는 직무를 부여한다. 사업 분석가, 무슨 뜻인가 하면 '문제 해결 능력이 뛰어난 사람'을 말한다. 이는 창의력 못지 않게 사건과 현상을 논리로 엮고 인과관계를 따지는 능력인 '논리적 사고'를 더 중요한 능력으로 보는 것이다. 그래서였을까, 사업분석가가 작성하는 문서를 오죽하면 '논리만 있다'라는 말이 나돌 정도다. 읽는 사람으로 하여금 '왜'라는 티끌 하나 없는 문서가 이들 사업분석가가 작성한 문서다. 이는 맥킨지 문서 작성 철학이기도 하다.

끝이 아니다. 논리를 따졌을 때 반론이 없는 문서라고 할지라도 사업분석가는 한걸음 더 들어간다. 이를테면 문서에 담은 내용을 현실 감각과 이치에 맞고 매끄럽게 다듬는다. 이 일을 할 때도 맥킨지는 원칙이 있다. '상호 배타적이며 부분의 합은 전체를 이룬다는 뜻'으로 쓰는 MECE(MECE:Mutually Exclusive and Collectively Exhausive) 원칙이다. MECE는 주장과 근거, 전개와 배열, 입장과 반론에 영향을 끼친다. 이 역시 맥킨지가 창안한 것이고, MECE 원칙이 문서 전체에 잘 스며들었는지를 평가한다. 이를 한 눈에 파악하는 방법이 있다. 피라미드 구조(Pyramid Structure)가 그것이다.

그림 6-13 민토 피라미드 작성 예시

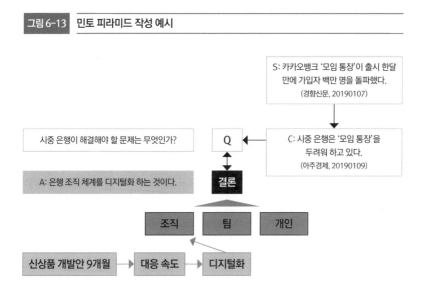

그림 6-14 보고서 작성 예시

카카오 뱅크 '모임 통장' 대응 방안 보고(예시)

카카오 뱅크 '모임 통장'에 대한 시중 은행 대응으로 첫째, '은행 조직 체계를 디지털 화 하는 것'이다. 단기적으로는 '디지털 환경 대응 팀을 만들어 운영'하고, 이를 토대로 장기적으로는 '디지털에 능숙한 인재를 선발하는 것'이다.

1. 조직 체계 디지털 화로 대응이 가능
   당사 상품 개발 속도는 평균 9개월 '디지털 전용 상품' 대응 속도는 11개월 여 소요됨. 이에 대응 방안으로
   ◆ 조직 체계를 디지털 화
   ◆ 디지털 환경 대응 팀 운영
   ◆ 디지털에 능숙한 인재 선발
   ...

1. 참고 정보
   당사 신상품 개발 시스템과 '디지털 전용 상품 개발 시스템 속도 비교 평가' 결과표

그림 6-15 스토리 보드 예시

표지 제목	개요 (도입부)	목차 (결론·근거)	조직 관점 (연역)
사실	판단기준	판단내용	팀 관점 (귀납)
근거 1	근거 2	근거 3	인력 관점 (연역)
문제점	원인	대응방안	QnA

문제해결 보고서 작성: 우연을 필연으로

한 때 맥킨지 방식 문서 작성이 유행한 적이 있었다. 문제해결이 선두에 있었고, 그 뒤로 문서작성, 글쓰기, 프레젠테이션과 회의에 이르기까지, 심지어 맥킨지가 주관하는 프로젝트에 참여한 경험은 귀한 대접을 받기까지 했다. 업무와 관련한 모든 것을 맥킨지 화 하려 했다. 왜 이렇게 맥킨지 방식을 흠모한 것일까.

생각은 통제할 수 없다. 하지만 생각은 공유할 수 있다. 단순히 생각을 나누고 공감하는 것이었다면 맥킨지 방식은 그저 시시한 볼거리에 불과했을 것이다. 맥킨지는 생각을 공유하는 것은 곧 이치를 깨닫는 것이라고 여겼고, 이치는 곧 논리의 다른 이름이고, 논리가 튼튼할 수록 쉽고 간결해 설득력이 높다는 점을 파고들었다. 감정도 논리적으로 증명할 수 있어야 했다.

사실 이 말은 우스개 소리만은 아니다. 맥킨지는 '기업 내 · 외부적으로 발생하는 어떠한 결과(현상)도 원인 없이는 일어나지 않는다'라고 전제한다. 요컨대 아니 땐 굴뚝에 연기 나지 않는다라는 것이다. 원인은 사건이 일어난 근본 또는 근거를 말한다. 결과는 원인 없이 일어나지 않는다. 따라서 사건을 일으킨 근거를 찾는 일 즉, 인과관계(因果關係)를 밝히는 일이 논리이다. 다시 말해 근거를 토대로 결과 간 명제를 만드는 일이 논리라는 말이다.

논리가 탄탄한 명제는 양상(樣相)을 분명하게 정의한다. 양상이란 발생한 사건 현상·모양·형태에 따라 세 가지 위계를 갖는다. 가능성(可能性), 현실성(現實性), 필연성(必然性)이 그 위계이다. 요컨대 제시한 근거와 결과 간 관계는 상식으로 납득할 수 있고 일상 생활 중에도 일어날 법한 일인가를 세 위계로 묻는 것이다. 이는 문제정의문을 평가할 때도 종종 쓰곤 한다.

맥킨지가 애용하는 논리는 '이 문제가 지속되면 결과는 반드시 이렇다'라는 문장 구조다. 일종의 '필연성'을 유난히 강조한다. 이는 문제 인식의 헛점을 노린 논리라고 할 수 있다. 어떤 사건이 일어났을 때, 사건 당사자는 대개 '어떻게 이런 일이 나한테 일어날 수 있는가?'라며 우연(偶然)처럼 말한다. 그럴 수 밖에 없다. 그 사건이 필연적이라는 것은 알고도 막지 못한 책임이 있기 때문이다. 이는 누구에게나 갖고 있는 의사결정 오류이다. 우연성을 강조하면 책임을 모면하거나 적어도 분산 시킬 수 있기 때문이다. 맥킨지는 이런 인간 심리를 잘 알았고, 이를 필연적 명제로 완성하는 능력이 탁월했던 것이다. 사업분석가는 바로 이 일즉, 문제해결 첫 순서인 문제 정의에 다다르기까지 논리를 MECE한 것으로 완성하는 일을 한다. 그렇다고 맥킨지 방식이 우연성을 다 걷어내는 것은 아니다. 다만 우연을 강조할 경우 숙명론에 빠지는 것을 경계하는 것 뿐이다. 맥킨지 식 문제 해결은 바로 이러한 점을 익히는 것을 말한다.

문제해결 1페이지 보고서 흐름, 문제 명확화 과제 선정 ──

최근 김대리는 A 서비스 지점으로 발령을 받았고, 현재 업무 파악 중이다. 전임자는 A 지점 현황을 2가지로 요약했다. 첫째, 지점 주요 교육은 직무 위주 교육이라는 점과 둘째, 계층 교육은 전무하다는 점이다. 고객 접점인 점을 감안하면 '직무 교육' 중심은 이해를 했다. 하지만 계층 교육이 전무하다는 점은 본사에서 근무했던 지난 시절을 떠 올리면 있을 수 없는 일이다.

전임자 조언을 토대로 김대리는 A 서비스 지점 교육 실행 자료를 면밀히 검토한 끝에 '직무 직급을 체계화하는 것'이 시급하다는 판단을 했다. 이 바람직한 상태를 이루기 위해서 김대리는 이전 같았으면 '원인 분석'을 먼저 했을 것이다. 하지만 '문제 정의'를 먼저 하는 것이 옳다는 것을 익힌 바 있다. 이제 그 실력을 발휘할 때가 온 것으로 여기고 열의를 끌어올렸다.

'바람직한 상태'를 정한 후 할 일은 '현 상태'를 진단하는 것이다. A 서비스 지점을 중심으로 돌고 있는 외부 환경과 내부 환경은 얽히고설켜 있다. 김대리는 좀처럼 실마리를 찾을 수 없었다. 게다가 다음 주에는 업무 보고를 해야 한다. 답답한 마음에 '내게 이런 일이~'라는 생각이 들었고, 곧바로 '우연성을 필연으로 명제화하는 것이 논리'라는 말이 떠 올랐다. 곧바로 피라미드 구조를 그렸고, 오르면서 모으고 내려가면서 펼칠려면 관점이 필요했다. 조직 진단 툴로 잘 알려진 세븐에스(7'S)

가 적격이었다.

'공유가치(Shared Value)를 중심으로 전략(Strategy)·구조(Structure) ·시스템(System)·스타일(Style)·직원(Staff)·기술(Skill)'의 일곱 개 항목을 일컫는 '7'S' 중 '바람직한 상태' 속성은 '시스템(System)' 입장에 가까웠다. 현 상태는 연역법을 써 보기로 했다. 몇 차례 시행착오 끝에 '역량 수준이 높은 직무 직급이 없다(또는 필요하다)'라고 김 대리는 현 상태를 기술했다. 따라서, '역량 수준은 체계화되어야 한다'는 것은 결론이고, '역량 수준이 체계화되어 있지 않은 것이 문제다'라고 문제 정의를 마쳤다.

다음은 원인분석이다. 5WHY 기법을 썼다. '왜 역량 수준은 체계화되어 있지 않았습니까?'라는 첫 번째 원인(WHY)을 묻는 답으로 '연공서열로 직급이 구분되어 있기 때문이다'로 썼다. 이 답을 다시 질문으로 쓰고 얻은 답변은 '인사제도 평가 도구가 없었기 때문'이고, 세 번째로 파악한 원인은 '직무와 관련한 KSA가 명확하지 않았기 때문', 네 번째는 '직무 기술서가 없기 때문', 마지막 다섯 번째는 '직무 기술을 정리하는 업무가 없었기 때문'을 문제의 핵심 원인으로 삼을 수 있었다.

매번 애를 먹던 5WHY가 이처럼 손쉽게 마무리한 것이 처음이라는 사실에 김 대리는 자신이 대견했다. 자신도 모르는 사이 문제해결 능력이 일취월장한 것 같아 감격스러웠고, 환호성을 터트려도 부끄럽지 않았다. 그 소리에 '무슨 일이 있느냐?'라고 자신을 쳐다보는 눈길도 따갑지 않았다.

곧바로 김 대리는 이 내용을 '1page 문서 형식'으로 구조화 했다. 내용을 보완하면 단기 업무 목표까지 계획할 수 있을 것 같은 자신감이 생겼다. 곧 있을 업무 보고 시에도 이 방식을 쓰면 효과가 제법 있을 것 같았다.

그림6-16 문제해결 1페이지 보고서 흐름, 문제 명확화, 과제 도출

상황(Situation)	첫째, 서비스 지점 주요 교육은 직무 교육 위주 둘째, 계층 교육은 전무
바람직한 상태 **TO BE**	직무 직급을 체계화 하는 것
현 상태 **AS IS**	역량 수준이 높은 직무 직급이 없다(또는 필요하다)
결론	역량 수준은 체계화 되어야 한다
문제 **Problem**	역량 수준이 체계화 되어 있지 않은 것이 문제다
과제 **Task**	직무 기술을 정리하는 업무를 어떻게 시작할까?

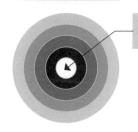

5th, 직무 기술을 정리하는 업무가 없었기 때문

4th, 직무 기술서가 없기 때문
3rd, 직무와 관련한 KSA가 명확하지 않았기 때문
2nd, 인사제도 평가 도구가 없었기 때문
1st, 연공서열로 직급이 구분되어 있기 때문이다

이 책을 권합니다. 왜냐하면 촘촘하기 때문입니다. 손색이 없는 글이기 때문입니다. 전략과 문제해결이라는 어려운 주제를 실무에 맞게 잘 정리한 책이기 때문입니다.

저자 '한봉규'는 이성과 감성의 균형을 가진 사람인 듯 합니다. 그의 글을 읽어보면 알 수 있습니다. 전략, 전략경영, 문제해결 프로세스 등에 대해서 얘기할 때 예리하고 냉철합니다. 역시 한 칼이 있습니다. 외전이나 서문을 읽어보면 그가 얼마나 따뜻한 사람인지, 그의 글이 얼마나 사람들을 향하고 있는지 진심이 느껴집니다. 이 책을 발간하는 또 다른 이유 중 하나는 저자의 진정성을 만날 수 있기 때문입니다.

내용적 측면에서 이 책은 '해결에 집중하라'라는 강력한 메세지를 가지고 있습니다. 일반적인 조직을 보면 많은 사람들이 문제를 해결해야 한다고 하면서 누가 잘못했냐를 따지거나 부서의 이해관계, 개인의 이기를 중심으로 생각하면서 정작 가장 중요한 해결을 위한 노력에 에너지를 쓰지 못하는 경우가 많습니다. 이것은 사람들이 의지가 없어서이거나 무지해서가 아닙니다. 첫째, '핵심이 무엇인지?' 모르고, 함께 정의하지 못하기 때문입니다. 둘째, '깊게 파고 들어서' 표면이 아니라 근원에다가가지 못하기 때문입니다. 셋째, '넓게 생각해서' 다양한 안을 마련하지 못하기 때문입니다. 넷째, '선택하고 집중하는 것'이 부족하기 때문입니다.

풍부한 최신 사례들과 함께 문제해결 프로세스는 설명하여 이해를 돕고 있습니다. 인정받는 리더, 인정받는 플레이어라면 반드시 옆에 두고 애정해야 할 책이 이렇게 탄생한 것 같습니다.

플랜비디자인 최익성 대표 | 경영학 박사

문제를 말만 할 뿐 해결하지 못한다면 더 큰 '문제'다. 하지만 '해결하지 못할 문제는 없다'고 저자는 확신한다. 10년간 '문제해결연구회'를 이끌어 온 만큼 문제상황을 파악할 수 있는 frame, 도구 나열이 아닌 논리적 process, 그리고 이해여부를 검증할 수 있는 case까지 내용이 차고 넘친다. 거기다 게임이론과 행동경제학 등 흥미로운 해석이 곁들여져 더 나은 세상에 대한 욕구를 충족시켜 줄 것이다.

강래경 소장 | (사)한국강사협회 부회장

왜 지금 이 책인가? 역사적인 흐름부터 짚어보자. 우리 사회에서는 1990년 말부터 문제해결 방법론과 프로세스가 크게 주목을 받았다. 외환위기로 경영이 어려워진 많은 기업이 군살을 빼고 본질에 집중해야 했기 때문이리라. 그 덕분에 세계적으로 유명한 컨설팅 회사들의 비기를 밝혔다던 문제 해결 책들이 불티 나듯 팔렸다. 직장인들 너도나도 그 책들을 붙들고 살았다. 그런데 오늘날은 어떠한가! 나날이 문제는 더욱 복잡다단 해지는데 미봉책에 불과한 대안만 만연한 듯 보인다. 오로지 보고서에 담아내는 파워포인트 도식만 현란하고 멋들어지게 늘었을 뿐이다. 이제 다시 기본으로 돌아가야 한다. 문제를 다양한 각도로 살피고

입체적으로 해체할 수 있어야 한다. 저자는 전략적 문제를 해결하는 일을 오래전부터 궁구해왔다. 단순히 호구지책의 업으로만 삼지 않고 주말 밤낮으로 수많은 사람과 함께 문제 해결 방법과 프로세스를 발전시키기 위해 노력해왔다. 그동안 저자와 함께 탐구한 연구자가 근 100명이 넘었으니 가히 문제 해결에 대한 인류 지식의 집대성이라 칭해도 과하지 않으리라. 당면한 문제로 밤잠을 못 이루는 독자들께 일독을 권한다.

김성준 | 국민대학교 경영대학 겸임교수

삶은 수 많은 문제해결 과정이다. 기본적인 문제해결지식은 우리의 삶을 지혜롭게 살아내게 한다. 최근 환경변화는 분야의 경계를 무너트리고 있다. 어떤 한 분야의 전문성을 넘어 분야 횡단적 관점과 사고가 필요하다고 하겠다. 분야를 넘나들며 반드시 갖추어야 할 지식이 문제해결 방법이다. 논문은 물론이고 어떠한 분야이든 쓰이는 언어가 다르고 사소한 차이가 있을 뿐이지 기본적인 문제해결 방법이 유용하게 쓰이고 있다.

한봉규 대표는 전략 전문가로서 문제해결 연구회라는 모임을 통해 가장 효율적이고 효과적인 문제해결 방법을 연구하였다. 그 결실로서 이 책은 독자들 이해를 돕기 위해 Simple하면서 가볍지 않게 문제해결 방법을 기술하였다. 문제해결 프로세스라는 큰 줄기에 각 단계마다 이해와 활용을 위한 잎사귀와 열매를 이론적 근거와 실천적 사례로 정성껏 제시하고 있다.

이 책을 읽으면서 '문제해결방법'에 대해 기존에 알고 있었다는 착각에서 벗어날 수 있었다. 또한 문제해결과 관련해 흩어져 있던 지식들이 명쾌하게 정돈되는 느낌이다. 흔하다면 흔하게 쓰이는 다양한 문제해결 기법들의 논리와 사용에 대한 의미를 다시 점검하고 수정할 수 있었다. 지혜로운 일과 삶을 위해서 반드시 필요한 훌륭한 저서를 써주신 한봉규 대표께 감사한 마음이다.

주충일 부장 | GS칼텍스

1. 이 책은 친절하다. 책이 친절하다는 것은 그만큼 읽기 쉽다는 것이다. 그리고 그만큼 도움이 된다는 뜻이기도 하다. 대부분의 문제 해결서는 용어부터가 생소하고 어느정도 기본지식이 없으면 이해하기 어려운 부분이 많았다. 그러나 이 책 "해결에 집중하라"는 문제해결을 처음 접하는 사람들도 아주 쉽게 읽을 수 있을 만큼 친절하다. 그리고 구체적이다. 실질적인 도움을 얻고자 하는 분들에게 꼭 필요한 책!
2. 이 책 문제해결을 넘어 일 잘하는 직장인이 되기 위한 방법을 제시한

해결에 집중하라

다. 스스로 문제를 해결 해 나가야하는 요즘 직장인들에게 이 책은 등불과도 같은 책이다. 문제해결 보고서 양식까지 디테일하게 구성이 되었고 다양한 교육현장에서 검증을 통해 얻은 내용으로 구성된 알짜배기 문제해결서다. 일 잘하는 직장인이 되고 싶은가? 이 책이 해결해 줄 것이다!

김윤석 대표 | 디스커버리러닝

'일을 잘한다'는 것은 결국 '문제를 잘 해결한다'는 것이다. 조금 더 넓게 바라보면 삶을 산다는 것 자체가 문제해결의 과정일 수도 있다. 목표와 현실의 사이의 간격을 끊임없이 좁혀내는 것이 바로 문제해결이기 때문이다. 그래서 문제해결 역량은 누구에게나 필요하다.

한봉규 대표는 오랜 시간 이 주제를 연구해온 분이다. 이 분의 '문제해결 워크숍'에 참가한 적이 있다.

그날 가장 인상적이었던 부분은 여러가지 방법론을 소개하기 보다 간단한 프로세스와 도구라도 확실하게 배우고 익힐 수 있게 깊게 파고든 점이다. 현업에서 쓰지도 못한 수많은 방법론을 설명하는 '강사의 지식 자랑'이 아니라 '학습자의 문제해결 역량 향상'에 초점을 둔 강의였다. 학습의 본질에 충실한 강의였다. 그래서 좋았다.

'해결에 집중하라' 역시 초점이 명확하다. 저자의 지식을 나열하고 자랑하는 책이 아니라 오랜 시간 고민하고 정리한 실제적 문제해결의 엑기스를 독자에게 선물하는 책이다. 차분하게 읽어가면 명쾌한 배움이 있을 것이다. 그날의 강의처럼.

정강욱 | RealWork# 대표, 〈러닝퍼실리데이터〉 저자

한봉규 대표를 우연히 온라인 HRD 카페에서 만난 지 벌써 15년이 다 되어간다. 그 첫 만남부터 일방적 집체식 이론강의에 머물던 농업교육을, 현업에 활용가능한 '현장문제를 해결할 수 있는' 교육으로 혁신하고자 하는데 함께 의기투합했던 기억이 생생하다. 당시 농업인들은 생전 처음이다 싶었던 다양한 선진기법을 활용하고, 무엇보다 끝없는 애정과 신뢰로 참여자들을 몰입으로 이끌었던 바 농업교육은 일정부분 한 대표에게 빚지고 있음이 분명하다. 이 추천사를 빌어 깊은 감사의 마음을 전한다.

이 책은 누구보다 일로서 인정받고 싶지만, 스스로 '왜'가 납득되지 않으면 한 발도 움직이지 않는 밀레니엄 세대의 정체성과 욕망을 읽고 그에 답했다는 측면에서 매우 시의적절하고 의미심장하다.

'일을 잘 한다'는 평가는 사실 일상적인 상황보다는, '문제'가 발생했을 때 이를 어떻게 해결해 나가느냐는 '문제상황'에서 빛을 발하고 인정받는다. 밀레니엄 세대의 '문제의식과 적극성' 등 세대적 특성과 이 책의 학습을 통한 '문제해결' 역량이 결합된다면 조직의 어벤져스급 핵심인재로 성

　　　　　　　　　　　　　　　해결에 집중하라

장할 수 있지 않을까 기대한다. 밀레니엄 세대로서 사회와 조직에 첫 발을 디딘 '일 잘하고 싶은' 사회 초년생에게 적극 추천하고 싶다.

김성아 실장 | 농림수산식품교육문화정보원 경영혁신본부 경영기획실

문제 해결 책을 쓰는 사람은 갑, 을 두 유형이 있다. 갑은 문제를 잘 해결하는 사람이다. 갑이 쓴 책은 당신의 문제를 해결해 준다. 을은 문제를 잘 관찰하는 사람이다. 을이 쓴 책은 당신이 왜 매번 문제를 해결하지 못하는지 알려준다.

이 책 저자는 을 유형이다. 당신이 왜 매번 문제를 해결하지 못하는지 알려준다. 당신이 문제를 해결하는 과정에서 어디에 구멍이 났고 어디에서 충돌이 났고 어디쯤에서 막힐지 알려준다.

문제 해결 책을 보는 사람은 A, B, C 세 유형이 있다. A는 직면한 문제를 해결하고 싶은 사람이다. 이 사람에게 이 책은 전혀 도움이 되지 않는다. 그 문제에 경험 많은 선배나 멘토를 찾아가길 권한다. B는 상사에게 문제를 보고하는 방법을 배우고 싶은 사람이다. 스스로 문제를 해결하려 하지 않고 폭탄을 돌리고 싶은 사람에게 이 책은 하등 소용이 없다. C는 왜 매번 문제를 해결하지 못하는지 알고 싶은 사람이다. 이 사람이 이 책을 읽어야 한다.

이 책의 독자는 C 유형이다. 문제가 많고 해결 방법도 아는데 왜 문

제를 해결하지 못하는지, 왜 해결 과정이 매끄럽지 못한지, 왜 항상 더 좋은 해결 방법이 나중에 나타나는지 도대체 누가 그 문제를 해결해야 하는지 궁금한 사람에게 적합한 책이다.

문제 해결이란 결국 왜 문제를 해결하지 못하는지 알아내는 일이다. 이 책은 이 방법을 알려준다.

김철수 소장 | 생각경영연구소

한봉규 컨설턴트의 책 발간 소식이 반가웠습니다.

기업 경영에서 가장 중요한 부분은 올바른 의사결정이자 궁극적으로 발생 문제에 대한 문제해결이기 때문입니다.

현재 중소기업의 경영지원실장으로 늘 예상치 못한 문제에 직면하고 이를 해결하는 과정들이 일상이 된 저에게 이 책 "해결에 집중하라"에 소개된 여러 기법들과 각 기법들에 대한 새로운 시각과 접근법, 사례들은 문제해결에 대한 통찰력을 얻게 해주었습니다.

이 책은 독자들이 자기 문제를 보다 효과적으로 해결 해 나갈 수 있는 절차를 세밀하게 익히는 데 도움이 되리라 생각합니다. 이뿐만 아니라 문제를 정의하고 분석하고 평가·의사 결정 시 요긴한 도구로 사용할 수 있습니다. 특히 문제 정의문을 연역법으로 끌어내는 기법은 여타의 문제해결 관련 책에서는 발견할 수 없는 가장 두드러진 특징 중 하나입니다. 이 밖에도 '5WHY 분석 사례'는 실제 자기 업무 수준을 한 차원 높여 줄만큼 정교하게 다루어져 있습니다. 여건에 맞춰 자유자재로 쓰는 매트릭스 기법소개는 참신합니다.

현직에 있든 아니든 문제에 직면한 모든 분들에게 이 책을 권합니다. 저자의 정성과 실력이 드러난 이 책이 많은 독자들에게 시원함을 줄 것입니다. '해결에 집중하라!' 이 책이 해결사가 되는 안내서가 되길 바랍니다. 저자의 인격과 능력이 녹아진 게 반갑고, 고마웠습니다.

이호형 실장 | ㈜비즈니스서비스그룹 경영지원실

제가 알고 있는 국내 문제해결, 전략적 의사결정 분야의 최고 전문가는 한봉규 대표 입니다. 오랜 시간 한봉규 대표가 걸어온 길을 옆에서 지켜본 바로는 한 길을 깊게 연구한 진짜 실력있는 문제해결 전문가이기 때문입니다. 책을 냈어도 몇 권을 벌써 냈어야 했는데 그동안 연구 활동에만 전념한 것이 아쉬웠던 차 드디어 자기 전문 분야인 문제 해결 책을 내게 되어 너무 감격스럽습니다.

유경철 대표 | 소통과공감

영화 '죽은 시인의 사회' 키팅 선생을 떠 올리게 한다. 획일적인 학칙에 통제 받는 학생들에게 책상 위로 올라서 '다른 각도로 세상을 바라보라!'라고 말하는 그 키팅 선생. 문제해결 연구회는 내게 그 모습을 보여줬다.

다양한 시각과 새로운 접근 방법으로 수 년간 문제해결 프로세스를 연구한 비법을 단번에 내려 받을 수 있는 책이 나왔다. 뻔하고 지루한 문제해결 방법을 나열한 책이 아니다. 기업들의 실제 문제해결 사례들이다.

문제가 발생한 상황마다 쏙쏙 빼먹을 수 있는 해결 모듈이 가득 담긴 이책을 읽으면 오늘 당장 써 먹을 수 있는 문제해결 도구들이 즐비하다. 그것을 본 당신은 외칠 것이다. "오 캡틴! 마이 캡틴!" 여전히 문제 상황 앞에서 머리도 가슴도 아픈 당신에게 이 책은 긴급 처방이 될 것이다.

김지윤 | KTCS 컨설팅사업단

문제해결은 모두가 가장 어려워 하는 일 중 하나이다. 하지만 해결을 하고 나면 한 없이 마음 가볍다. 이 책은 직장인이라면 누구나 이루고 싶은 문제해결을 스스로 할 수 있다는 자신감을 갖게 한다. 오래 동안 기다리던 책이어서 설레임 또한 가득하다.

이연수 | 롯데월드타워

우리는 살면서 여러 문제에 부딪히고, 그것을 해결하기 위해 숱한 HOW TO를 고민한다. 하지만 대부분 성에 차지 않는다. 그 이유는 자기 경험만으로 문제를 해결하려고 하기 때문이다. 이 책은 다르다. 문제를 밝히는 사고력을 길러 준다. 또한 문제 본질을 파고 들어가는 구체적인 방법도 제시한다. 이 점이 나는 가장 마음에 든다.

김홍희 대표 | 기업교육문화연구소 대표

문제해결 프로세스 학습을 한 지 벌써 3년여를 지나고 있습니다. 문제해결이라는 것을 어렵게만 생각했었는데 연구회에서 이론은 물론 도구들과 실제 사례 학습을 통해 문제해결에 대한 개념이 바로 잡혀서 모든 곳에 제대로 활용하고 있습니다.

문제해결력이 중요해진 요즘 시대에 문제해결 도구 학습은 일뿐만아니라 실생활에도 적용할 수 있어 모든 분들에게 도움이 될 것 같습니다. 이 책을 많은 분들이 읽고 실생활에 적용해보며 '스스로 문제를 해결할 수 있게' 되시길 바랍니다!

권혜민 | HM 교육 컨설팅

나 역시 저자로서, 글이 책으로 나오는 수고와 노력을 잘 알고 있다. 게다가 한봉규 저자의 성정을 알고 계신 분이라면, 그 집필 작업의 완성도를 위하여 다른 책들보다 몇 배의 고통을 감수하셨음을 충분히 상상할 수 있다. 문제해결 연구회를 통해서 논리와 사고가 깊고 넓어진 내 경험을 독자들도 꼭 가져봤으면 한다.

김용현 소장 | 자기설계 연구소

문제해결…. 아직도 어렵게 느끼는 분야지만, 내게 그 첫 걸음을 선물해 준 이가 바로 한봉규 님이다. 이 책을 통해 여러분은 이론만이 아닌 현장 경험으로 쌓은 저자의 내공을 '쉬움'이라는 단어를 통해 경험할 수 있을 것이다.

임철호 소장 | 창의적 문제해결연구소 idio-S.

해결에 집중하라

차가운 논리와 따뜻한 감성을 모두 갖추신 분! 저자는 대한민국 최고의 문제해결 퍼실리테이터가 아닐까 합니다. 깊이 있는 내공과 다양한 방법론으로 연구회를 이끌어 오시면서 경험한 내용과 사례가 책으로 나온다니 기대가 됩니다. 책장에만 꽂혀 있는 책이 아닌 문제 상황 시 활용할 수 있는 바이블 같은 책이 될 것을 확신합니다.

허윤정 대표 | 이룸터

어려운 것이 좋아요? 쉬운 것이 좋아요? 모두 후자를 좋아할 것 같지만 실상은 그렇지 않다.

한 심리학자 연구에 의하면, 쉬운 것은 처음에는 좋으나 관심이나 흥미의 지속성 측면에서 쉽게 싫증이 난다.

반면 어려운 것은? 빨리 포기하게 만들지만, 포기하지 않고 반복을 많이 하면 좋아하게 된다.

이 책 내용은 결코 쉽지않지만 반복해서 오랫동안 옆에 두고두고 읽다 보면 좋아하게 되는 마력이 있다.

그 기분 좋은 어려움을 책을 통해 꼭 느껴보시길.

김혜경 대표 · 단국대 교양학부 교육학 박사 | 플러스원 컨설팅

다양한 사안에 대한 문제를 정확히 정의하고 해결책을 모색하는 과정을 연구원들과 함께 풀어가는 과정에서 '협업을 하며 내가 머리를 열심히 쓰고 있구나'라는 통쾌한 느낌을 한 달에 한 번 참석하는 문제해결 연구회 모임을 통해 가져 갈 수 있었습니다. 그리고 이런 과정에서 한봉규 대표의 질문과 가이드라인은 또다른 측면의 생각을 유발하게 하는 신선한 촉매제였습니다. 지난 3년간 문제해결 연구회의 역사가 책으로도 공유된다고 하니 이 책을 통해 또 다른 신선한 사고의 촉매제를 가져갈 수 있기를 기대합니다.

이승희 Senior Value Manager | Workday Korea

기대와 현재의 차이에서 오는 문제들을 어떻게 해결할까 머리를 쥐어짜 보지만 복잡하고 더 혼란스럽기만 했다. 이책은 문제해결을 향한 고집스런 한봉규 대표의 연구 결과물이다. 문제해결로 가는 길을 안내하는 친절한 지침서로 현실에서 많은 도움이 될것이다.

한수금 조정위원 | 인천가정법원

문제해결 분야에 대한 사명감을 가지고 오랜 기간 동안 끊임없이 연구하

해결에 집중하라

고 실천해 온 한봉규 대표의 책이 드디어 나온다는 소식을 듣고 기쁨을 감출 수가 없었습니다. 조직의 현업에 적용할 수 있는 문제해결 비법이 많은 분들에게 확산되어 실질적인 도움을 드릴 수 있을 것이라고 확신합니다.

권희영 대표 | KLPS 컨설팅

문제해결이라는 주제를 다루는 이는 많을지라도 수년간 모임의 주제로 삼는 곳은 거의 없을 것이다. 저자는 꾸준한 연구 활동으로 그동안 많은 분들에게 문제해결의 스승이 되어왔다. 이제 스승의 책이 세상에 선보이는 순간이다. 이제 이 책이 스승님의 뜻을 받아 널리 문제해결의 길잡이가 되어주시기를 간절히 소망한다.

원운식 소장 | 원 HRD

"마음으로 축하할께~"

그 사람

전략 경영과 문제 해결

해결에 집중하라

초판 1쇄 인쇄 2020년 01월 01일
초판 2쇄 발행 2020년 05월 08일

지은이 한봉규
펴낸이 최익성
편집 송준기
편집지원 오성아
마케팅 임동건, 임주성, 김선영, 강송희, 홍국주
마케팅지원 황예지, 신원기, 박주현
경영지원 이순미, 신현아, 임정혁
펴낸곳 플랜비디자인
디자인 올컨텐츠그룹

출판등록 제2016-000001호
주소 경기도 화성시 동탄반석로 277
전화 031-8050-0508
팩스 02-2179-8994
이메일 planbdesigncompany@gmail.com

ISBN 979-11-89580-23-0 03320